회사에서는
안 가르쳐주는
업무센스

회사에서는
안 가르쳐주는

업무
센스

이동조 지음

경이로움

대한민국 모든 직장인을 위한
업무 센스 87가지 매뉴얼

일 잘하는 법을 친절하게 가르쳐 주는 직장은 없다. 직장은 학교에서 일하는 법을 배우고 와야 한다고 말한다. 그런데 학교는 이곳이 일 잘하는 법에 대해 가르쳐 주는 곳이 아니라고 한다. 일 교육을 서로에게 미루고 있다.

현실은 각자도생이다. 그저 귀동냥으로 혹은 눈치껏, 요령껏 몸으로 현장에서 부딪치며 배워야 한다. 일 교육에 대한 정보는 넘친다. 그러나 '이것만 배우면 업무 마스터'라는 식으로 낱개 중심인 단편적인 정보가 대부분이다.

일이란 그리 만만치 않다. 조직과 환경은 사람이나 일과 상호작용한다. 즉 변화무쌍하게 움직이는 유기체와 같다. 상황과 상대적 관계에 따라 일에 대해서 종합적이고 입체적인 관리와 대응이 필요하다.

규모가 큰 조직이나 기업은 대개 사원 교육 프로그램을 운영하고 있다. 그러나 오랜 세월 기업과 공공기관 사원 교육, 공무원 연수 특강을 진행하면서 나는 현재 진행되고 있는 사원 교육에 여러 문제점이 있다는 사실을 발견했다.

대부분의 사원 교육 프로그램은 한정된 시간 동안 이루어진다. 그러다 보니 일의 전체 메커니즘 이해보다는 단편적인 지식과 정보 전달에 그칠 수밖에 없다. 사원 교육 프로그램의 내용 또한 부실한 경우가 많다. 반짝하는 이슈나 유행하는 정보에 따라 보여주기식 교육을 하는 경우도 부지기수였다.

직원들이 어려운 걸 싫어한다는 이유로 게임을 추가하고, 활동적인 MT 형식을 만든다. 하루에 반짝하고 동료애를 확인하는 사원 교육 프로그램이 정말 기대한 만큼 효과를 낳을까? 난 부정적이다. 물론 이런 활동이 친목을 다진다는 의미는 있을 것이다. 하지만 현장에서 일을 잘할 수 있는 인재를 양성할 수 있냐고 묻는다면 '눈 가리고 아웅'에 가깝다고 생각한다.

나는 30년이 넘는 오랜 세월 동안 다양한 조직 활동을 해왔다. 이 과정에서 많은 직장인을 교육해 왔다. 20살 때 대학 신문사에 수습기자로 들어가 대학 4년을 보냈고, 졸업 후 주간 신문사에 수습기자로 입사해 편집국 차장 그리고 국내 주간지 분야 최연소 편집국장이 되었다. 나는 주간지 편집국장이면서 월간지를 창간했고, 30대 중반에는 IT지식 포털(정보 플랫폼)을 기획해 사내 벤처기업을 창업했다.

이로써 30대 중반에 주간 신문과 월간지, 사내 벤처기업을 동시에 총괄하는 기획편집국장이 되었다. 미디어 기업의 국장으로서 20년 넘게 기업, 정부 기관, 공공기관, 지자체, 대학 등과 수많은 프로젝트를 기획 컨설팅, 설계, 집행, 심사하기도 했다. 40대 중반에는 객원 기획편집국장으로 활동하며 개인적으로 교육회사를 창업해 교육컨설팅 기업 대표가 되었다. 현재는 수많은 학교, 조직과 기관에서 강의를 하면서 집필 활동을 병행하고 있다. 정리하자면, 지금까지 기자, 편집국장, 각종 프로젝트 기획 컨설팅, 공모전 심사위원, 많은 책을 집필한 작가 등 다양한 일을 했다. 여러 일을 해오며 '어떻게 해야 일을 잘하는가?'라는 질문을 많이 받았다.

내가 생각하는 '일을 잘하는 사람'은 간단하다. 일을 잘하는 사람은 일 전체 프로세스를 꿰뚫어 볼 줄 안다. 회사 규모가 커지자, 이러한 내 생각을 잘 담아낸 직원 교육 매뉴얼을 만들고 싶었다. 고민과 실패를 거쳐 일 전체의 프로세스를 통합적으로 돕는 '통합업무 기술 교육 매뉴얼'을 만들었다.

실제로 완성한 매뉴얼을 가지고 교육을 진행하자, 효과가 예상보다 좋았다. 보통 신입사원은 6개월 정도 지나야 프로젝트에 참여할 수 있는데 통합 교육을 받은 신입사원은 3개월이면 업무에 투입할 수 있을 정도로 업무 이해도가 높아졌다. 이 통합 업무 스킬 교육 매뉴얼은 다음과 같은 5가지 영역으로 구조화되어 있었다.

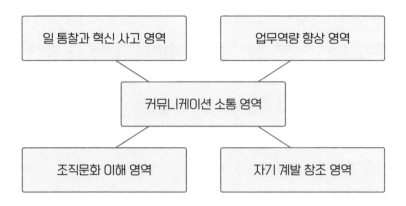

일 통찰과 혁신 사고 영역

업무역량 향상 영역

커뮤니케이션 소통 영역

조직문화 이해 영역

자기 계발 창조 영역

일의 성공은 이 5가지 영역이 따로따로 작동한 것이 결단코 아니라는 점이다. 5가지 영역이 밀접하게 연결되어 상호작용한다. 일 통찰과 혁신이 업무역량 향상 기술에 강력한 영향을 미치며 조직문화 이해 속에 소통 기술이 발현된다. 업무 향상 기술과 자기 계발 기술은 동전의 양면처럼 연동되어 있다. 일 통찰과 혁신 기술 및 조직문화 이해 속에 자기 계발의 방향이 결정되는 식이다. 당연히 일 통찰과 혁신 스킬은 조직문화 이해와 밀접하게 연관되어 있다.

반대 경우도 마찬가지다. 업무역량 향상 기술이 아무리 좋아도 일 통찰과 혁신 기술이 없으면 리더로 성장하기 어렵다. 또한 일 통찰과 혁신 기술이 있어도 개인의 자기 계발 기술이 없다면 조직문화는 약화할 것이다. 5가지 영역이 서로 연동됨을 이해하고, 모든 영역의 기술을 골고루 키워야 한다.

한편, 인공지능이 일자리를 대체하고 있다. 모든 직장인은 인공지능을 비서처럼 활용할 수 있다. 따라서 스마트 인재가 필요하다.

창의, 혁신, 통합적 사고, 창조적 관점이 개별 업무 기술과 유기적으로 결합해야 한다. 물론 기업이나 기관에서 개별적으로 진행되는 업무를 모두 파악해 교육하기란 어렵다. 직장인 교육철학을 담은 '5단계 통합업무 기술 매뉴얼'을 바탕으로 인공지능 시대에도 일 잘하는 직장인을 위한 교과서를 만들어야겠다고 마음먹었다. 그렇게 이 책이 세상에 나올 수 있었다.

이 책은 5단계 영역에 걸쳐 총 87가지 짧은 매뉴얼로 구성되어 있다. Z세대 직장인들에게 필요한 일 통찰 능력을 키우면서도 각종 기업, 공무원 현장 업무교육에서 필수적으로 다루고 있는 통합 업무 스킬을 담았다.

이 책은 일의 시작과 과정, 끝을 한 줄에 꿰어 각각 업무들이 서로 어떻게 연결되는지 이해할 수 있도록 했다. 곁에 두고 언제든 신속하게 팁을 얻을 수 있도록 구체적인 실천 매뉴얼을 총망라한 것이 이 책의 특징이다.

이 책이 일 잘하기를 꿈꾸는 모든 직장인과 리더들에게 닿기를 바란다. 또한 '일'을 즐겁게 하면서 성과를 내려는 대한민국 Z세대 직장인에게 늘 책상 위에 놓여 있는 필독서가 되길 희망한다.

이동조

+ 목차 +

1장.

일 통찰과 혁신 기술 – 위기, 변화에 대응하는 방법

2장.

업무 향상 기술 – 주어진 일을 완벽하게 완수하는 방법

3장.

커뮤니케이션 기술 – 업무 효율성을 높이는 방법

4장.

조직문화 이해 기술 – 건강하고 행복한 조직을 만드는 방법

5장.

자기창조 기술 – 조직과 함께 성장하는 방법

1장

일 통찰과
혁신 기술

- 위기, 변화에 대응하는 방법

'일'과 '나'의 연속적인 줄다리기에서 누가 승리하는지에 따라 직장에서는 일을 장악한 사람 또는 장악하지 못하는 사람으로 나뉜다. 줄다리기를 진행하는 동안 '위기'와 '변수'를 겪게 되겠지만, 일을 장악할 수 있다면 이 요소들은 문제되지 않는다. 일을 장악하기 위해선 일을 효율적으로 끝낼 수 있는 '생각법'과 '문제해결력'을 갖추고 있어야 한다. 이번 1장에서는 일을 장악하는 '직관력'과 '통찰력'을 설명함과 동시에 높은 수준의 결과물을 만들어내는 방법론을 설명해 보겠다.

일에 끌려다니는 사람,
일을 장악하는 사람

직장에서 우리는 무수한 일을 처리한다. 업무제안서 작성, 회의 아이디어 제출, 위기 대응, 혁신 전략 제시, 업무 이메일 확인과 정리, 지시와 보고, 고객 관리 등 주어진 업무가 무엇이든 척척 해내야 한다. 그렇다면 조직에서 일을 잘하는 사람(이하 일잘러)들의 특징은 무엇일까?

직장에는 크게 두 유형의 사람이 있다. 일에 끌려다니는 사람과 일을 장악하는 사람이다. 일머리가 없는 직장인과 일머리가 있는 직장인은 시간이 흐를수록 성과에 차이를 보인다.

A라는 직원이 있다. 그는 주로 위에서 시키는 업무만 한다. 주어진 업무를 칼같이 잘 처리하지만, 지시가 없을 때는 자신이 무슨 일을 해야 할지 모른다. 현재 자신이 처리하는 일이 어떤 단계의

업무인지, 어떤 목적이나 목표를 두고 하는지 모르고, 주로 외부의 지시와 흐름에 따라 움직인다. 당연히 자신이 세운 계획이나 목표는 없다. 그저 조직이 정한 목표나 일정에 맞추어 수동적으로 행동한다.

이 A 직원은 상사의 지시에 따라 업무를 처리하는 전형적인 직장인이다. 이들은 대개 주어진 업무 외의 추가적인 책임이나 도전에 소극적으로 반응한다. 자발적으로 변화를 주도하기보다는 안정성을 선호한다.

이에 반해 B라는 직원은 일 처리가 빠르진 않지만, 일의 전 과정을 파악하려고 하며 자신의 업무가 그 과정에서 어떤 역할인지를 이해하고 업무를 시작한다. 프로젝트나 비즈니스 전체를 이해한 후 이를 주도적으로 관리하고 조직하려 애쓴다. 스스로 목표를 설정하고 그에 따른 전략을 계획하며, 일의 흐름을 주도한다. 일에 끌려다니는 것이 아니라 스스로 일의 주도권을 쥐고 행동하려는 것이다.

B 직원은 일을 장악하고, 외부 환경에 크게 의존하지 않고 주도적으로 일의 주도권을 쥐고 행동하는 직장인이다. 이 직원은 어려운 상황이 발생해도 적극적으로 대처하며 새로운 아이디어나 개선방안을 찾아 직접 문제를 해결하려고 노력할 것이다.

A와 B 직장인 중 직장에서 어느 유형이 성공할까? 장기적으로 보면 당연히 B 타입이다. 그리고 그 이유는 '자기 주도성'에 있다. 일을 주도적으로 하는 사람들은 외부의 지시나 환경에 크게 의존

회사에서는 안 가르쳐주는 업무 센스

하지 않고 스스로 일의 주도권을 쥐고 일을 처리한다. 이는 새로운 기회를 찾아내거나 어려운 상황에서도 적극적으로 대처할 수 있는 능력으로 이어진다. 따라서 기업은 장기적으로 주도적인 사람들의 능력과 태도에 크게 의존한다. 명확한 목표를 가지고 일의 주도권을 쥐는 사람들은 효율적으로 일을 처리하고 조직의 성과를 높이기 때문이다.

일잘러가 되기 위한 전제조건은 일을 장악하는 직장인이 되는 것이다. 그렇다면 우리는 다양한 일, 주어진 프로젝트를 주도하고 끊임없이 튀어나오는 문제를 어떻게 장악하고 통제할 수 있을까? 주도적인 삶을 사는 건 그저 '어느 부류가 되겠다'라는 선언만으로 될 수 있는 게 아니다. 특별한 생각의 기술이 필요하다.

이를 쉽게 설명하기 위해 '자동차'를 예로 들어보겠다. 내가 자동차를 눈으로 보기만 하다면 자동차를 제대로 이해할 수 있을까? 그저 '나-자동차'를 타자화한 것에 불과하다. 타자화된 나는 자동차의 전체를 본 게 아니라 일부인 '겉(현상)'만 본 것이다. 즉 나는 자동차를 주도할 수도, 장악할 수도, 통제할 수도 없다.

이제 관점을 바꾸어 보자. 자동차의 겉(현상)만 보는 대신 자동차의 자체 일 프로세스를 확인해 보는 것이다. 자동차의 일 프로세스는 '에너지 투입과 자동차 시스템 → 차량과 운전자의 상호작용 → 시동 → 이동 → 목적지 도착'으로 완성된다. 이렇게 어떤 일이 작동하는 메커니즘으로 생각하는 순간 우리는 다음과 같은 방법으로 단숨에 자동차를 장악할 수 있게 된다.

* 에너지 투입과 자동차 시스템: 나는 차에 주유기에 기름을 가득 채울지, 100미터만 움직이게 할지 등을 의사 결정할 수 있다.
* 차량과 운전자의 상호작용: 운전대를 직접 잡을지, 대리운전을 부를지 결정할 수 있다.
* 시동: 자동차 키를 돌려 시동을 걸지 말지 결정할 수 있다. 시동을 건다는 것은 '기름+엔진+운전자'를 삼위일체로 만드는 지점을 통제하는 일이다.
* 이동: 엑셀러레이터와 브레이크로 속도를 통제할 수 있다. 고속도로에선 시속 100킬로미터로 주행하고 스쿨존에서는 천천히 주행할 수 있다. 즉 상황과 도로 사정에 따라 속도를 결정할 수 있다.
* 목적지 도착: 목적지에 도착했다고 선언할지 말지 결정할 수 있다.

자동차라는 대상만 보지 말고 운전 프로세스를 보는 순간, 우리의 생각 폭은 훨씬 넓어진다. 내가 자동차를 장악하며 운영하는 모든 단계에서 결정을 내릴 수 있다. 일이나 프로젝트도 이 자동차 운영과 마찬가지다.

지금까지 이야기한 내용의 핵심을 정리하자면 다음과 같다. 첫째, '업무-나'를 대칭시켜 타자화 또는 대상화하지 말아야 한다. 주어진 이 업무를 해치워 버린다는 생각에서 벗어나는 게 좋다. 둘째, '업무의 전체 과정'을 이해해야 한다. 업무 목적과 범위, 진행 절차, 역할 분담, 기대 목표 등 일 자체의 프로세스를 분석할 필요가 있다. 셋째, 전체 일에서 부분의 업무로, 일의 기승전결 전모에서 현시점에 집행되는 업무로 종합적인 판단을 한 후 구체적인 업무 방향을 설정할 수 있어야 한다. 이렇게 일 전체를 장악하고 통제하고 관리하자. 일 자체의 프로세스를 이해하면 내가 그 일을 주도할 수도, 장악할 수도, 통제할 수도 있다.

+ 02. +

일의 '우선순위' 정하는 법

한 시간 관리 전문가는 항아리에 큰 돌멩이들을 가득 채우고 사람들에게 물었다. "항아리가 가득 찼나요?" 사람들은 그렇다고 답했다. 전문가는 돌멩이 사이로 모래를 채우고 항아리를 흔들었다. "이제 가득 찼나요?" 사람들은 그렇다고 말했다. 전문가는 돌멩이와 모래 사이에 물을 부어 넣었다. 전문가는 말했다. "이 실험에서 우리가 배울 수 있는 건, 항아리에 붙이나 모래가 아니라 큰 돌멩이들을 가장 먼저 넣어야 한다는 사실입니다. 물이나 모래를 먼저 넣었다면 돌멩이는 영원히 넣지 못했을 테니까요."

　일의 우선순위를 논하기 전에 한 가지 개념에 대해 이야기하고 싶다. 세상의 본질은 짝으로 되어 있다. 이런 개념은 '대칭성 symmetry'과 관련이 깊다. 예를 들어보자.

임신 vs 출산, 앞면 vs 뒷면, 직관 vs 인식, 위치 vs 운동,
방향 vs 속도, 숲 vs 나무, 팀 vs 개인, 결정 vs 집행,
창의 vs 전달, 원인 vs 결과, 주는 자 vs 받는 자,
씨뿌리기 vs 추수하기

예시로 나열한 것들은 우리가 흔히 대칭으로 구분하는 개념, 행동 등이다. 우리가 세상을 이해하는 것을 어려워하고 복잡하다고 인식하는 이유는 이렇게 전부 짝지어져 있기 때문이다. 대칭성을 보이는 둘이 모이면 모순도 생기고 분쟁도 일어난다. 둘 중 하나를 선택해야 한다는 압박감, 둘 중 하나가 더 중요하다는 착각이 생긴다. 그리고 끝내 선호 대상이 다르다는 이유로 편을 갈라 서로를 공격한다.

둘 중 하나를 선택해야 한다는 고민이나 분쟁 같은 현상은 엄밀히 말하면 이러한 대칭성 때문은 아니다. 우리가 습관적으로 세상을 구성하는 요소들을 낱개 단위로 쪼개 '인식'하는 사고방식 때문에 벌어지는 일이다. 우리는 세상을 대칭적인 2개로 인식하지만 대칭을 보이는 이 2개는 실제로는 '하나'다.

세상의 모든 요소들이 연결되어 있고, 이 연결을 통해서 창의적인 결과물의 탄생이 진행된다는 관점으로 세상을 관찰하면, 이 세상은 단순하게 대칭 관계에 있는 2개의 개념으로 나뉘어 있지 않다는 것을 알 수 있다. 그 두 요소는 짝으로 연결되어 끊임없이 상

회사에서는 안 가르쳐주는 업무 센스

호작용한다. 전혀 다른 두 가지가 아니라 짝을 이룬 한 세트라고
볼 수 있다. 방금의 예를 다시 '하나의 관점'으로 정리하면 다음과
같다.

[임신＋출산], [앞면＋뒷면], [직관＋인식], [위치＋운동],
[방향＋속도], [숲＋나무], [팀＋개인], [결정＋집행],
[창의＋전달], [원인＋결과], [주는 자＋받는 자],
[씨뿌리기＋추수하기]

이렇게 한 세트로 보는 관점이 중요한 이유는 우선순위를 명확
하게 파악할 수 있기 때문이다. 모든 일을 동시에 할 순 없다. 그러
면 무엇이 먼저이고, 무엇이 나중일까?

[임신→출산], [앞면→뒷면], [직관→인식], [위치→운동],
[방향→속도], [숲→나무], [팀→개인], [결정→집행],
[창의→전달], [원인→결과], [주는 자→받는 자],
[씨뿌리기→추수하기]

우선순위를 정하는 법의 핵심은 '전제 → 진술'의 관계를 이해하
는 것이다. 전제가 진술보다 항상 우선한다. 임신, 앞면 직관, 위치

등의 전제가 확정되면 출산, 뒷면, 인식, 운동 등의 진술이 결정된다.

다시 말해 전제가 없는 진술은 없고 진술이 없는 전제 역시 없다. 즉 양자택일의 사고에서 벗어나야 입체적이고 통합적이고 종합적인 사고가 가능해 양자택일의 굴레에서 벗어날 수 있다. 창조적 관점으로 이해한 전체 안에서 현재의 우선순위가 드러난다.

이렇게 전제와 진술이라는 통찰을 바탕으로 다른 유용한 방법론을 사용하면 일의 우선순위를 쉽게 파악할 수 있다. 우선순위를 파악하기 위한 두 가지 방법을 소개해 보겠다.

첫째, 2×2 매트릭스를 사용해 긴급성과 중요성에 따라 작업을 분류하는 '아이젠하워의 결정 매트릭스Eisenhower decision matrix' 활용법이다. 다음과 같이 나눈 후 I부터 차례로 처리한다.

I: 긴급하고 중요한 일(1순위)

II: 중요하지만 긴급하지 않은 일(2순위)

III: 긴급하지만 중요하지 않은 일(3순위)

IV: 긴급하지도 중요하지도 않은 일(4순위)

둘째, 작업 중 20%가 전체 결과물의 80%를 결정한다는 '파레토 법칙Pareto principle' 활용법이다. 전체 일 중 중요하다고 판단되는 20%의 작업을 우선적으로 처리해 효율을 높인다. 중요한 작업일수록 많은 업무와 연관되어 있어 업무 효율을 높이는 데 큰 영향을 미치기 때문에 먼저 처리하는 것이다.

✦ 03. ✦
주인의식,
프로 정신 갖는 법

편의점 아르바이트생에서 대기업 CEO가 된 전 스타벅스코리아 사장 정진구 씨의 성공 신화를 소개한다. 그의 꿈은 농사꾼이었다. 그래서 대학교를 농대로 다녔다. 20대였던 그가 살던 한국은 가난했지만, 군 생활을 하면서 만난 미군들은 달랐다. 그는 미국에 대해 더 알고 싶었고 젊은 나이에 얼마 되지 않는 돈을 들고 미국으로 유학길에 올랐다.

미국 생활을 시작한 그는 편의점에서 일했지만, 남들과 다르게 일했다. 아르바이트생 신분으로 일을 하면서 느끼는 편의점 운영의 여러 가지 문제를 꼼꼼히 기록했고, 문제를 해결할 아이디어를 문서로 정리해 본사에 제안서를 보냈다.

어느 날은 금전등록기를 편의점에 들여놓을 것을 제안했는데, 본사가 그의 아이디어를 받아들였다. 편의점의 금전등록기는 실효성이 있었고 매출에도 효과가 나타났다. 사용 전후를 비교한 결과보고서를 보냈더니, 미국 내 세븐일레븐 6,800개 전 점포에 금전등록기가 배치되었다. 실적을 인정받은 그는 아르바이트 생활을 시작한지 4개월여 만에 부점장이 되었다.

그는 부점장이 되어서도 아이디어 제안을 멈추지 않았다. 자주 범죄의 타깃이 되는 편의점 특성을 고려해, 강도 예방법에 관한 효과적인 매뉴얼을 정리해 제안했다. 본사는 이 매뉴얼을 채택해 전 점포에 배부했다. 그리고 그는 6개월 만에 점장으로 승진했다.

그는 여기서 멈추지 않았다. 직위가 높아졌어도 방문하는 고객들을 분석하고 그들의 불만이 무엇인지, 현재 편의점이 안고 있는 문제가 무엇인지 관찰하고 문제를 해결할 수 있는 아이디어를 찾아냈다. 그렇게 6년 정도가 지났을 때 본사는 그를 세븐일레븐의 지역책임자로 발령했다.

1985년, 드디어 그는 미국에서 한국으로 금의환향했다. 국내에 돌아온 그는 프라이드치킨 체인점인 파파이스 아시아 지역 총괄 CEO로 자리를 옮겼다. 이후 그는 스타벅스코리아 CEO로 영입되었다. 그곳에서도 많은 성과와 실적을 쌓았다. 스타벅스 CEO와 고문직을 마친 이후에도 그는 국내 외식문화의 선두 주자인 CJ 식품 서비스 부문 총괄 사장, CJ 푸드빌과 CJ의 베이커리 사업 부문인 뚜레쥬르의 대표이사 등의 최고경영자 자리를 두루 거쳤다.

돈도 없고 인맥도 없고 아무것도 없었으며 농부를 꿈꾸었던 맨손의 청년 유학생, 낯선 미국에서 20대 아르바이트 점원으로 시작해 외식업계 경영 리더로 성공한 정진구 씨의 인생을 쫓다 보니 성공을 만들어 가는 숨은 무언가가 있다. 그것은 그가 편의점 아르바이트 시절부터 CEO가 되기까지 변함없이 '주인의식'과 '프로정신'으로 무장하고 있었다는 점이다.

주인의식은 일반적으로 책임감과 결과에 대한 책임을 지는 태도를 의미한다. 이는 자신의 일 또는 조직에 대한 책임을 느끼고,

그에 따라 행동하고 책임을 다하는 능력이다. 주인의식을 가지려면 자기 일에 대해 능동적으로 참여해야 한다. 문제가 발생하면 해결하려고 노력하고 자발적으로 일을 추진해야 한다.

프로정신은 직업 또는 업무와 관련해 완결시키는 능력, 높은 수준의 완성도, 관련분야의 전문성을 의미한다. 이는 일을 완벽하게 끝내려는 마음이다. 프로정신을 갖추려면 현재 직위와 상관없이 일에 대한 책임감을 느껴야 한다.

일을 최고의 수준으로 완료하기 위해서는 전문성을 키워가면서 다른 팀원들과 효과적으로 협력하고 소통할 수 있어야 한다. 나는 지금 지금 하는 일에 주도적인 태도를 지니고 있는가? 내가 직접 혁신하고 창조할 수 있다는 주인의식과 프로정신을 가지고 일하고 있는지 다음 표를 보며 한 번쯤 자문해 보자.

특징	주인의식 및 프로정신이 있는 사람	주인의식 및 프로정신이 없는 사람
책임감과 문제해결	- 일 또는 업무에 대한 책임을 적극적으로 지고 문제를 발굴하고 해결책을 찾음 - 일의 성공에 기여하려는 의지를 갖춤	- 책임 회피 또는 타인 탓으로 전가하는 경향이 있음 - 업무에 소극적이거나 무관심한 태도를 보임
전문성	- 자신의 분야에서 전문지식과 경험을 꾸준히 쌓고 업무 수행에 높은 전문성을 유지하려 함	- 자신의 업무나 분야에 대한 지식이 부족하거나 무관심한 경향이 있음

행동과 성취	- 목표를 향해 꾸준히 노력하 며 열정적으로 일함 - 성과에 대한 성취감을 높이 며 목표 달성에 주력함	- 업무에 소극적이거나 무관 심하며, 목표를 향한 노력이 부족함 - 성취에 대한 만족도가 낮음
협업과 의사소통	- 팀 내외에서 협력을 중요시 하며 효과적인 의사소통을 지향함	- 타인의 도움을 효과적으로 끌어내지 못하고 의사소통 이 불충분한 경우가 많음
자기생각 과 태도	- 자기 생각과 계획을 토대로 의견 표현에 적극 참여함 - 긍정적이고 해결책 중심의 태도를 유지함	- 타인의 의견에 따라 반응하 거나, 매사에 부정적인 태도 를 보임 - 변화나 도전에 거부감을 표 현함
타인존중 과 예의	- 자존감이 높으면서 동료들 과 고객을 존중함	- 자존감이 낮으면서 타인을 무시하거나 무관심한 태도 를 보임
성장과 발전	- 개인적인 성장과 발전을 위 해 끊임없이 노력하며 학습 에 열정적임	- 변화나 발전에 거부감을 느 끼며 학습에 소극적인 태도 를 보임

+ **04.** +

혁신을 위한
구체적인 방법론

사람은 나고 자라고 죽는다. 기업도 마찬가지다. 창업 단계, 성장
단계, 성숙 단계, 하강 단계 또는 병합 및 인수 단계를 거친다.

회사에서는 안 가르쳐주는 업무 센스

기업 성장 과정은 생로병사처럼 자연스럽게 흘러간다. 그러나 다시 살아나는 기업도 존재한다. 마지막 단계에서 소멸하지 않고 재창업이나 재성장 단계로 가는 기업들이다. 지속 가능한 기업이 되려면 필요한 게 있다. 바로 '혁신'이다.

혁신은 새로운 또는 기존 방식을 개선한 아이디어, 제품, 서비스, 프로세스, 시스템 등을 창조하고 이를 성공적으로 시장에 도입해 가치를 창출하는 과정이다. 일잘러가 되려면 가장 먼저 모든 비즈니스에 적용할 수 있는 '가치창조 발전 5단계'를 반드시 이해해야 한다.

> 신소재·시장 발견 → 신기능 발견과 품질 경쟁 → 프리미엄 →
> 고객·사용자 경험 → 개인화 특별 의미 창조

모든 상품과 서비스는 1단계: 신소재·시장 발견, 2단계: 신기능 발명과 품질 경쟁, 3단계: 프리미엄(고급화) 발전 과정을 거친다. 이때 다음 단계로 가는 의사결정이 일류와 이류를 가른다. 한때 최고의 프리미엄 브랜드였다가 일류로 도약하지 못하고 망한 사례는 셀 수 없이 많다. 일류로 도약하기 위해서는 제품·서비스와 고객·사용자의 창의적 연결이 필요하다. 그리고 1~3단계를 거치며 시장 경쟁을 펼치는 거의 모든 기업들은 4단계: 고객·사용자 경험과 5단계: 개인화 특별한 의미를 창조해 제공할 수 있는지로 승패가 갈린다.

모든 비즈니스는 이 5단계 패턴을 반복한다. 5단계를 지난 기업은 다시 신소재·시장을 찾아 다음 단계로 나아가야 하며 최종 개인화 특별 의미를 창조해 일류로 도약할 수 있다. 일잘러들은 이 흐름을 기억하고 늘 혁신을 주도해야 한다.

기업이 혁신을 달성하기 위해서는 다양한 방법과 전략을 활용할 수 있다. 기업이 혁신을 위해 고려할 수 있는 구체적인 방법들을 알아두자.

구분	내용
연구 및 개발 투자	- 신제품 또는 서비스 개발을 위해 연구 및 개발 투자 - 기술적인 혁신을 통해 제품이나 서비스의 성능 향상
디자인 혁신	- 제품 또는 서비스의 디자인을 혁신해 고객 경험 향상 - 디자인 측면에서 차별화를 끌어내 가치 창출
운영 프로세스 혁신	- 생산 및 운영 프로세스를 혁신해 비용 절감, 생산성 향상 - 지속 가능한 생산 방법이나 효율적인 공정 도입
플랫폼 및 신기술 융합	- 디지털 플랫폼이나 혁신적인 기술 도입해 비즈니스 모델 혁신 - 인공지능, 빅데이터, 사물인터넷 등의 기술을 접목해 가치 창출
외부 연결 협업 통한 혁신	- 외부의 아이디어 소유자와 협업, 스타트업과 제휴 - '오픈 이노베이션(외부 공모)'을 통해 아이디어 도출

고객 중심 사고 혁신	- 고객 피드백 수용, 고객의 요구에 맞추어 제품이나 서비스 개선 - 고객 경험 중심으로 '디자인 싱킹'과 '유저 테스트'를 통한 개선
창의적 조직문화 변화	- 혁신 문화를 조성하고 조직의 역동성 향상 - 실패를 허용하고 실험을 장려해 창의적, 도전적 조직 문화 형성
지속 가능한 혁신	- ESG(환경, 사회적, 지배구조) 등 환경친화적이고 사회적 가치를 고려한 혁신 - 지속 가능한 비즈니스 모델과 제품 개발로 경쟁 우위 확보

그런데 기업 생존을 위해 필수적임에도, 혁신은 생각보다 훨씬 어렵다. 작은 요소라고 해도 무시할 수 없을 정도로 다른 것들과 전부 연결되어 있기 때문이다. 연구 및 개발 투자는 창의적 조직문화와 연결되어 있고 디자인 혁신은 고객 중심 사고와 이어져 있다. 분명한 건 일이란 낱개가 아닌 통째 덩어리로 진행된다는 사실이다. 작은 것 하나만 바꾸고 싶어도 그럴 수가 없다. 이것도 바꾸어야 하고 저것도 바꾸어야 하고 전부 다 바꾸어야 한다. 이러한 이유로 변화의 연쇄반응을 일으킬 수 있는 혁신 그 자체는 어려울 수밖에 없다.

일에서 혁신을 일으키려면 일이 전부 서로 '연결'되어 있다는 사실을 알아야 한다. 연결에는 과거와 현재가 있고, 전제와 진술이 있고, 원인과 결과가 있고 그 안에 우선순위가 있다. 혁신은 기존

연결을 모조리 끊고 새롭게 퍼즐을 조합하는 의지와 도전이라고
할 수 있다.

+ 05. +

일에
몰입하는 방법

K 팀장은 최근 프로젝트를 하나 맡았다. 처음 맡은 대형 프로젝트
였다. 조금 부담스럽기도 했다. 하지만 꼭 성공해 내고 싶은 욕심
도 있었다. 그러나 막상 과제를 떠안고 보니 좀처럼 일이 손에 잡
히지 않았다. 이 일을 왜 지금 해야 하는지도 모르겠고 무엇부터
시작해야 할지 그림도 그려지지 않았다.

그러다 보니 기초 자료를 찾아보는 것조차 귀찮아지고 집중력
도 생기지 않았다. 일에 푹 빠져 온 정신을 몰입해 프로젝트를 진
행하고 싶은데 이리저리 겉돌다 보니 그새 일주일이 훌쩍 지나버
렸다. 이러한 상황에서 일에 몰입하는 방법이 없을까?

저명한 심리학자 미하이 칙센트미하이는 『플로우』에서 몰입 전
략에 관해 소개했다. "플로우란 개인이 활동에 완전히 몰두하고 내
적인 경험과 외부 환경 간의 조화를 경험할 때 발생하는 상태"라며
"이를 경험하는 동안 인간은 시간이 가는 줄 모르고 몰입된 상태로
높은 집중력과 창의성을 경험할 수 있다"고 설명했다.

미하이 칙센트미하이가 개발한 플로우 상태 이론을 적용한 단계적인 기본 절차를 만들어 소개한다. 직장인 누구나 쉽게 자신의 일이나 프로젝트에 몰입할 수 있는 방법이니 활용해 보기 바란다.

단계	내용
1단계: 목표의 설정	- 일의 배경과 어떤 가치가 있는지 이해한 후 명확하고 도전적인 목표를 세워야 한다. - 큰 목표를 작은 단위로 나누고, 우선순위를 정해 단계별 목표에 집중해야 한다. - 프로젝트를 쪼개 작은 성취를 경험하면서 몰입도를 높여갈 수 있다.
2단계: 도전과 능력의 균형 찾기	- 일의 목표는 도전적이면서 동시에 구체적이고 현실적이어야 한다. - 너무 어려운 활동이나 지루한 과제는 타이밍을 정해 진행해야 한다.
3단계: 즉각적인 피드백 수련	- 업무나 프로젝트에 대해 정기적으로 성과를 평가하고 피드백을 받는다. - 어떤 부분에서 개선이 필요한지를 파악하고 조치한다. - 피드백을 통해 자신의 성과를 파악하고 개선점을 찾아 몰입도를 높인다.
4단계: 목표 지향성 환경 유지	- 외부 간섭을 최소화하고 몰입을 유지하기 위해 목표에 집중한다. - 조용한 장소, 적절한 조명, 개인이 편안한 공간 등을 고려해 몰입이 쉽게 일어나는 환경을 조성한다.
5단계: 자기 의지력 강화	- 몰입된 활동을 통해 자기 의지력을 키운다. - 다른 활동이나 생각으로 마음이 분산되는 것을 주의한다. - 도전적인 상황에서도 긍정적인 자세를 유지하도록 노력한다.

6단계: 의미 부여	- 지금 하는 이 일에 의미를 부여하고 왜 이 업무가 중요한 지를 고민한다. - 하고 있는 일에 개인적인 가치나 경험 축적, 미래 꿈과 연 결해 의미를 부여한다. - 프로젝트의 성공이 곧 자신의 성공이라고 생각한다.

몰입에 들어갈 때 일정을 관리하고 시간을 효율적으로 활용하면 좋다. 각 단계에 충분한 시간을 할당해 불필요한 급박함을 피해야 한다. 너무 긴 몰입 상태는 오히려 건강을 해칠 수 있다. 그래서 적절한 휴식과 스트레칭이 필요하다.

몰입을 더욱 강력하게 해주는 방법은 성취에 대한 보상(음식, 영화, 드라마, 게임 등)을 스스로 주는 것이 대표적이다. 그리고 계속된 메시지, 알림, 소셜 미디어 사용 등 디지털 기기의 사용을 줄이는 것으로 몰입을 높일 수 있다. 온라인 세계에 지속해서 연결되어 있으면 몰입이 흐트러질 수 있기 때문이다.

한편 조직 차원에서 직원들의 몰입도를 높이는 방법도 필요하다. 선배의 일방적 지시나 상명하복 문화보다는 권한 위임과 신뢰의 문화가 몰입도를 높인다. 직원들 간의 자유로운 의사소통을 유도하고 도전을 격려하는 문화에선 당연히 창의와 혁신을 발휘하기 쉽다.

✦ 06. ✦

양자택일 상황에서
창조적인 의사결정 방식

A안이 좋을까? B안이 좋을까? 일하다 보면 우리는 자주 딜레마에 빠진다. 최종 단계에서 A안을 선택하면 B안을 버려야 하고, B안을 선택하면 A안을 버려야 한다. 그래서 보통 사람들은 다음과 같이 생각을 이어간다.

* 둘 중 어떤 안이 우리 현실에 더 맞을까?
* 둘 중 어떤 안이 더 부작용이 적을까?
* 둘 중 어떤 안이 비용이 적게 들까?

이런 궁리 끝에 대부분 사람은 둘 중 하나를 선택하는 '선택형 의사결정 방식'을 사용한다. 그러나 이런 결정 방식은 창의적이지도 혁신적이지도 않다. 선택되지 않은 안의 장점까지 놓치기 때문이다.

그러니 관점을 바꿔보자. 둘 중 하나를 선택해야 하는 순간에 그 둘을 포괄하는 더 높은 차원의 공통 무대를 찾아내는 것이다. 생산자 이익과 판매자 이익이 있다면 반드시 한 차원 위인 시장(가격)의 지속가능성이란 무대가 있다. 한 차원 높은 관점으로 둘의 공통 무대를 보자. 그것이 창조적인 의사결정 모형이다. 이 창조적인 의사

1장. 일 통찰과 혁신 기술 - 위기, 변화에 대응하는 방법   **37**

결정 모형은 제시된 안의 장점을 통합할 수 있는 제3의 선택지가 존재한다는 걸 알려준다.

실제로 위대한 혁신가나 성공한 사람들을 연구해 보니 공통점이 있었다. 그것은 'A안이냐, B안이냐'의 양자택일 상황에서 그 둘을 통합할 수 있는 제3의 통합 전략을 반드시 찾아냈다는 점이다.

몇 가지 사례를 보자. 미소 냉전 시대 미국의 외교관 조지 케넌 George Kennan은 소련의 팽창정책에 맞서 대안을 찾아야 했다. 물론 선형적인 의사결정에 따라 두 가지 안이 나왔다. 하나의 안은 물리적 전면전을 통해 팽창정책을 저지하는 것이었고, 다른 안은 지켜보면서 소련제국 건설을 묵인하는 것이었다.

여기서 케넌은 선형적 의사결정을 하지 않았다. 두 가지 안 모두 훌륭한 대안이 아니라고 판단했다. 그리고 그는 반드시 다른 제3의 대안이 있다고 믿었으며, 입체적 의사결정 모델을 활용한 끝에 그는 '봉쇄정책封鎖政策'이라는 제3의 대안을 제시했다. 일명 고립 작전이었다. 외부적으로 전쟁에 버금가는 고립 전쟁을, 내부적으로 묵인을 하는 선형적인 두 대안의 장점을 모두 갖춘 안이었다. 전쟁 없이, 그냥 방관도 하지 않으면서 선택한 이 정책이 결국 구소련의 팽창주의를 몰락으로 이르게 만든 탁월한 정책으로 평가되었다.

생필품으로 유명한 기업 P&G의 CEO인 앨런 래플리 Alan Lafley 는 말단 직원에서 출발한 입지전적인 인물이다. 그가 점점 점유율이 하락하고 매출이 감소하는 위기에 몰린 P&G를 구할 CEO로 부임했을 때 그의 앞에는 두 가지 선택지가 놓여 있었다.

회사에서는 안 가르쳐주는 업무 센스

첫째 안은 혁신 제품에 더 투자해 고가 경쟁력을 확보해야 한다는 주장이었고, 다른 안은 원가절감을 해 이제 저가 경쟁에 뛰어들어야 한다는 것이었다. 두 의견은 모두 설득력 있었고 팽팽히 맞섰다.

아마 대부분의 선형적인 의사결정을 하는 사람이라면 P&G의 현실에 맞는 안을 선택하기 위해 골몰했을 것이다. 그러나 래플리는 입체적인 의사결정을 통해 제3의 방법이 있다고 생각했다. 원가를 줄여 가격경쟁을 이루면서도 혁신 제품을 만들어 내는 제3의 '창조적인 아이디어'가 있다고 믿었다. 그리고 그 차별적 아이디어를 '외부의 혁신적인 제품 아이디어와 제휴'에서 찾았다.

그는 검증된 작은 기업들의 혁신 제품 아이디어를 발굴하고 제휴해 P&G 브랜드와 마케팅으로 저가의 혁신 제품을 만들면 두 마리의 토끼를 한꺼번에 잡을 수 있다고 확신했다. 그리고 이 제3의 방법은 주효했다. 엄청난 투자를 하지 않고도 저가의 혁신 제품들을 쏟아낼 수 있었고 시장점유율과 수익은 다시 상승했다.

정리하자. 직장생활을 하면 중요한 의사결정 순간에 양자택일에서 고민해야 하는 순간이 자주 온다. 그럴 때 선택지를 냉큼 고르지 말고 한발 뒤로 물러나 비즈니스 환경 위에 양자를 아울러 통합하는 방법을 찾아내 보자. 그 방법을 찾아내는 직장인은 반드시 기업에서 승승장구할 것이다.

간단하게
'발상의 전환'하는 법

한 소년이 마을 사람들에게 신비로운 이야기를 전하고 다녔다. 어느 날, 소년은 마을 광장에 나와 모든 이에게 평소와 같이 소식을 전하려 했다. 소년은 작은 컵을 들고 있었고, 그 컵에는 물이 반 정도 들어 있었다.

마을 사람들은 소년이 무슨 말을 하려는 건지 궁금해하며 주위에 모였다. 소년은 웃으며 말했다. "여러분, 이 컵에 보시다시피 물이 반밖에 없죠. 하지만 이것은 좋은 소식이에요!" 마을 사람들은 의아해하며 물어보았다. "어떻게 이게 좋은 소식이 될 수 있어? 물이 절반밖에 없는데." 소년은 다정하게 웃으며 이렇게 이야기했다. "맞아요. 물이 반밖에 없지만, 반이나 있다고 볼 수도 있어요. 그것은 물이 아닌 다른 것으로 절반이 채워질 수 있는 기회가 있다는 거예요!"

이야기 속 소년은 마을 사람들에게 새로운 관점을 심어준 것과 다름 없었다. 소년이 깨달음을 알려주기 위해 사용한 발상의 전환은 '물이 반밖에 안 남았다 → 물이 반이나 남았다'라고 표현한 것이다. 그리고 절반을 다른 것으로 채울 수 있는 기회가 될 수 있다고 표현한 것은 위기가 곧 기회가 될 수 있다는 발상의 전환을 설명한 것과 같다.

발상의 전환은 처음에는 뻔하거나 일반적인 방식으로 생각되는 상황, 개념을 새롭고 독특한 방향으로 비틀어 바꾸는 생각을 뜻한다. 이것은 새로운 관점이나 접근법을 통해 문제를 해결하거나 아이디어를 발전시키는 과정에서 활용된다. 그럼 직장인은 이 발상의 전환을 어떻게 업무 현장에서 발휘할 수 있을까? 발상의 전환을 활용해 새로운 기회를 만들고 놀라운 결과를 창조한 사례를 몇 가지 소개해 보겠다.

구분	내용
발상의 전환	* 물이 반밖에 안 남았다 → 물이 반이나 남았다. * 위기 → 기회
발상의 전환을 우리 업무에 적용한 사례들	사례 1. APEC(아시아·태평양경제협력체) 정상회담에 차량을 제공한 자동차 업체는 APEC에 사용되었던 차량을 신차보다 비싼 중고차로 팔았다. BMW는 APEC용 차량을 만들 때부터 'APEC Limited'란 배지를 붙여 희소가치가 있는 한정판으로 만든 것이다. 한마디로 '중고차'를 '부가가치 있는 특별한 차'로 발상을 전환한 것이다. 사례 2. 의약품인 타이레놀의 불량품이 생산라인에서 발견되어 소비자의 건강과 안전에 대한 우려가 커지고 있는 위기 상황이었다. 회사는 이 문제에 대한 빠른 대응을 위해 기존 유통 약품을 전량 회수한 뒤 개별 캡슐 처리 시스템을 즉각 도입하고, 자동화된 검사 시스템을 갖추어 불량품을 사전에 식별하고 제거했다. 이를 통해 오히려 소비자 신뢰를 얻어 위기를 기회로 만들었다.

+ 08. +

일 통찰력과 문제해결력을 키우는 생각 기술

무언가를 꿰뚫어 보는 것을 우리는 '통찰'이라고 한다. 사전엔 '예리한 관찰력으로 사물을 훤히 꿰뚫어 봄'이라 되어 있다. 그런데 이렇게 사전대로 생각하면 정말 통찰할 수 있을까? 절대 아니다. '사물'을 꿰뚫어 봐야 거기서 보이는 건 너무 뻔하기 때문이다. 가령 초코파이를 통찰해 보겠다고 초코빵 안을 아무리 꿰뚫어 봐야 마시멜로만 보일 뿐이다.

내부가 아닌 밖(더 넓은 관점)을 보자. 만약 초코파이 자체가 아니라 군대에서 초코파이를 들고 있는 신병을 본다면, 그 신병의 눈동자 속에 경이로움과 행복이 있을 것이란 사실을 통찰할 수 있다. 돌멩이를 담고 있는 수석壽石 접시라면 그 속에 예술이란 통찰이 숨 쉬고 있을 것이고, 모래와 시멘트가 만나면 그 연결 속에 건축의 통찰이 숨어 있을 것이다. 다시 말해 통찰이란 어떤 사물 속을 예리한 관찰력으로 꿰뚫어 보는 것이 아니라 사물과 사물 '밖'에 있는 보이지 않는 '관계'를 꿰뚫어 보는 것이다.

데이터와 데이터 사이, 분야와 분야 사이, 비즈니스와 비즈니스 사이에서 일어나는 보이지 않는 관계와 상호작용을 꿰뚫어 보는 것이 진정한 통찰이다. 보이지 않는 관계와 상호작용은 공간, 시간 상에서 일어나며 이 패턴은 반복된다.

42

구분	내용
공간 통찰	- 모든 일은 사건의 무대라는 공간적 만남과 연결로 일어난다. - 배경을 바꾸거나 새로운 시장을 발견하거나 기존 무대를 넓혀 혁신하거나 문제를 해결할 수 있다.
시간 통찰	- 모든 일은 기승전결이라는 시간적 절차에 맞추어 일어난다. - 새로운 분류, 새로운 순서, 새로운 절차로 혁신하거나 문제를 해결할 수 있다. - 공간의 모순, 양자택일, 대립 관계의 문제를 시간의 순서로 해결할 수 있다.
패턴 통찰	- 작은 성공이든 큰 성공이든 모두 창조 프로세스 패턴을 거쳐 가치를 창조한 결과물이다. - 작은 성공의 패턴을 그대로 적용해 큰 성공의 가치를 창조할 수 있다.

이 사실을 일에 적용해 우리 일을 업무들의 관계 단위로 꿰뚫어 보는 능력이 '일 통찰'이다. 일은 반드시 공간과 관계를 맺고 시간과 관계를 맺으며 완성된다. 그러니 일할 때 공간에 대한 통찰, 시간에 대한 통찰, 성공 과정의 패턴에 대한 통찰을 할 수 있다면 누구나 비즈니스 통찰력을 단숨에 키울 수 있다.

정리하자. 일 통찰은 일과 관계된 것들을 단번에 꿰뚫어 보는 능력을 의미하며 이 능력은 공간 통찰, 시간 통찰, 패턴 통찰이라는 결정적인 세 가지 요소로 구성되어 있다.

세상은 끊임없이 변한다. 비즈니스 환경도 마찬가지다. 변화는 문제를 만든다. 그런데 때론 어떤 문제의 원인을 정확하게 파악하기 힘든 경우가 정말 많다. 원인을 알아도 당장은 해결할 수 없는 일도 있다. 따라서 변화, 문제, 예측의 해석에는 일 통찰이 필요하다. 지금까지 직장에서 당장 눈앞에 보이는 업무를 단편적 시각에 매달려 일했다면, 이제부터는 잠시 여유를 가지고 한발 물러나 현재 진행하고 있는 일의 전체 프로세스를 간파해 보자.

+ 09. +
경쟁에서 이기는
세 가지 전략

비즈니스는 끊임없이 경쟁이 이루어지는 전쟁터와 비슷하다. 자유시장에서 기업은 생존을 위해 경쟁을 기본 전제로 삼기 때문이다. 경쟁기업을 이겨야 살아남는 경우도 부지기수다. 나 역시 늘 경쟁기업과 승부를 펼쳤다.

사실 경쟁기업이란 우리와 비슷한 수준의 기업일 수도 있고 한 차원 위의 규모를 보이는 중견기업이나 대기업이 될 수도 있다. 더욱이 인기 있는 비즈니스 시장이라면 경쟁기업은 대부분 우리보다 강한 전력을 가진 선두기업일 가능성이 크다. 우리보다 강한 기업과 생존의 승부를 내야 할 순간에 어떤 전략으로 비즈니스 판세를 뒤집을 수 있을까?

나는 항상 싸움에서 이기는 전략 세 가지를 가지고 일한다. 나에게 그 전략을 가르쳐 준 3명의 스승이 있다. 바로 이순신, 나폴레옹, 한신이다. 이 3명은 위대한 장군이라는 공통적인 특징이 있다. 위대한 장군이라고 평가받는 이유는 객관적 전략상 질 싸움에서 승리했기 때문이다. 그들은 어떻게 질 싸움에서 이겼을까?

먼저 명량해전에서 이순신 장군은 13척으로 왜군 133척(본대 333척)을 상대로 대승을 거두었다. 승리를 쟁취한 이유가 각오하고 싸웠다는 수사나 장군이 일기에 직접 기록한 대로 그저 '천행天幸'뿐이었을까? 이순신 장군은 객관적인 전력 차를 받아들였다. 그리고 유리병의 목처럼 좁은 수로인 울돌목을 전장으로 선택했다. 골목에선 적이 아무리 많아도 나를 포위할 수 없으니 포병 기반의 화포 경쟁력으로 왜적의 소총, 칼에 맞설 수 있었다. 이순신 장군은 유리한 장소에서 이길 수 있는 싸움을 설계했다.

프랑스 혁명정부군 대위 나폴레옹은 1793년 군사요충지였던 툴롱지역 탈환 전투에서 대승을 거두었다. 당시 상대인 영국-왕당파연합군은 핵심 기지를 차지하고 방어 중이었다. 기지 탈환 공격에 실패한 지휘관들이 줄줄이 해임되는 상황에서 우연히 나폴레옹은 임시 지휘권을 얻게 되었다.

이때 나폴레옹은 기존 지휘관과 완전히 다른 사고를 했다. 핵심 기지를 공격한 것이 아니라, 새벽에 바다 위 영국군 지원해군과 왕당파 핵심 기지를 이어주는 레기에트 절벽 요새를 장악하고 포대를 설치했다. 나폴레옹이 레기에트 절벽 요새를 차지하고 포대를 설치하자 포의 사정거리에 있던 영국군 지원해군이 도망갔고 해군

지원이 사라지자 왕당파 군대는 핵심 기지를 버리고 도망갔다. 나폴레옹 군은 단숨에 툴롱지역을 무혈입성했다.

마지막으로 한신 장군 이야기다. 한신과 관련한 유명한 고사성어가 있다. '배수의 진'이다. 이것은 강을 등지고 진을 친다는 뜻이다. 조나라 20만 방어성을 3만 군사로 점령해 승리한 한나라 대장군 한신의 전략에서 유래했다.

그런데 한신이 정말 농사꾼을 모은 오합지졸을 데리고 배수진을 친 후 죽기 살기로 싸워 조나라 방어성을 정복했을까? 그건 겉으로 드러나는 현상일 뿐, 실제 보이지 않는 이면을 보면 한신은 철저하게 허허실실 전략으로 승리했다.

한신은 방어성 성벽 뒤에 2,000명 별동대를 배치해 두었다. 그리고 남은 병사로 전투에서 떼죽음을 당하기 쉬운 '배수의 진'을 만들어 일부러 보여주었다. 성에서 꿈쩍도 안 하고 버티는 20만 대군을 성에서 끌어내기 위한 작전이었다. 그리고 이 작전이 먹혀 20만 군사가 성문을 열고 배수진을 향해 돌격하자, 성벽 뒤에 숨어 있던 별동대가 빈집에 가까운 성을 차지해 버렸다. 조나라 방어성이 정복되자 조나라는 꼼짝없이 항복했다.

비즈니스도 일종의 전쟁과 같다. 그렇기 때문에 최악의 상황에서 이기는 방법을 고심해야 한다. 비즈니스 싸움에서 이겼던 방법을 다음 표로 정리했다. 이 표를 보고 승리를 위한 전략을 고민해 보자.

솔루션 종류	핵심 전략	내용
이순신 솔루션	이길 비즈니스 무대 세팅 전략	전체적으로 거의 모든 전력에서 약하다 하더라도 비즈니스 특정 영역, 특정 범위, 특정 시간, 특정 무대 위에 특정 경쟁력 우위로 이길 수 있는 승부를 설계한다.
나폴레옹 솔루션	비즈니스 전략 포인트 찾아내기 전략	전체적으로 거의 모든 전력에서 약하다 하더라도 상대 기업이 가지고 있는 전제의 전제, 잘 보이지 않는 길목이나 약점을 찾아낸다.
한신 솔루션	비즈니스 허허실실 전략	전체적으로 거의 모든 전력에서 약하다면 적당한 수준의 약점을 드러내 상대 기업의 경계심을 늦추고 경쟁자로 여기지 않게 방심을 유도한 후 전략 요충지를 공략한다.

+ **10.** +

업무 직관력을
높이는 방법

마감일이 다가오던 큰 계약이 불확실성에 빠졌다. 팀은 어떤 결정을 내려야 할지 막막했다. 비상 회의에서 K 전략기획팀장은 이 사태에 대응하기 위한 회의를 시작하기 전 팀원들에게 이렇게 말했다. "그동안의 과거 진행 방식과 현재 상황을 고려했을 때, 이 계약을 성사시켜야 합니다. 그것이 우리의 비전과 목표에 부합하고, 장기적으로는 회사에 많은 이익을 가져다줄 것입니다."

K 전략기획팀장은 팀원들이 따라야 할 전략을 간단하게 그려 설명하고, 자세한 계획은 이후에 따로 공유하겠다고 말했다. 팀원들은 팀장의 결정에 따라 행동했고, 그 결과 계약은 다행히 성사되었다.

여기서 과거 진행 방식과 현재 상황을 고려했다는 K 전략기획팀장의 말은 '직관력'을 사용했다는 뜻이다. 전통적인 개념에서 일은 '비전 → 목표 → 계획 → 실행 → 결과평가'라는 절차로 이루어진다. 이 단계적 과정 사이에서 나타나는 다양한 '방해 요소'를 제거하거나 해결하는 것이 일잘러들의 문제 해결법이다.

프로젝트나 일의 목표를 달성하는 데 방해 요소는 무수히 많다. 가령 다음과 같은 문제들이다.

1) 비즈니스 제품이나 콘텐츠 문제가 생겼을 때

2) 고객 관계 문제가 생겼을 때

3) 목표 달성 문제가 생겼을 때

4) 내부 조직관리 문제가 생겼을 때

5) 경쟁자 문제가 생겼을 때

이런 비즈니스 요소의 주요 문제는 사실 대부분의 직장인에게 아주 익숙하다. 대부분의 이런 문제는 겉으로 잘 드러나니 문제가 명료하고 예측이나 대비도 가능하다. 따라서 매뉴얼과 피드백, 체크리스트 점검을 통해 문제를 사전에 관리해 예방할 수도 있다. 이러한 관점에서 보았을 때 대부분의 비즈니스 문제는 보이는 것, 자기중심적 사고, 우리 업무 중심, 결과 중심, 자체 노력 중심이라는 특징을 가지고 있었다.

그러나 이런 문제해결 방식은 이제 한계에 도달했다. 지금은 비즈니스의 진짜 큰 위기가 안에서 일어나기보다는 보이지 않는 외부에서, 드러나지 않는 관계와 상호작용 사이에서 발생하는 경우가 많다. 미국 대선 결과, 남북 관계, 코로나19 펜데믹이나 러시아-우크라이나 전쟁같이 시시각각 변하는 세계정세, 각종 제도 변화와 규제, 상대적 관계 등의 문제처럼 잠복해 있는 경우가 대부분이다. 문제는 이처럼 잠복해 보이지 않는 요소들이 보이는 요소(결과, 현상)를 배후에서 결정짓는다는 점이다. 즉 우리는 '보이지 않는 요소'에 좀 더 민감해야 한다.

그러면 어떻게 보이지 않는 요소에 집중할 수 있을까? '직관력'을 기우면 된다. 식관은 행위, 결과, 현상이 아니라 의사결정 메커니즘, 과정을 이해하는 힘이다. 그러니까 직관력은 숨은 전제를 간파하는 능력이라고 정의할 수 있다. 세상의 모든 행위, 결과, 현상은 숨은 전제조건이 있다. 그 전제조건은 대부분 변화, 배경, 관계, 힘, 공동체나 집단의 세력이 사전에 설정해 둔다. 이 점을 기억해 둔다면 우리는 업무 직관력을 키울 수 있는 몇 가지 힌트를 얻을 수 있다.

1) 보이는 것보다 그것이 속한 보이지 않는 무대, 환경, 시대변화, 트렌드가 더 중요하다.
2) 새롭고 독특한 연결과 상호작용이 개별 데이터, 최종 결과를 결정한다.
3) 보이는 현상 배후에 그 일을 제어하는 숨은 힘 또는 컨트롤 센터가 있다.
4) 숨은 전제에 따라 행위, 결과, 현상은 언제든지 바뀔 수 있다. 그 전제는 대부분 변화, 관계, 힘, 집단과 관련되어 있다.

업무 현장에서 직관력을 잘 발휘하려면 가장 먼저 대본에만 맞추어서 움직이는 배우의 시각에서 벗어나 무대 전체를 통째로 보는 감독의 시각에서 전체 상황을 조망할 줄 알아야 한다. 무대 위 배우는 상대 배우에게 집중하게 된다. 그러나 감독은 무대 자체를 의도에 맞게 세팅하고 배우들의 관계와 각각의 배역을 설정하고, 이야기를 기획하고 사건을 발단, 전개, 위기, 절정, 결과로 연출한다.

감독 시각으로 보았을 때 무대, 관계, 시간, 사건들 사이에 숨은 관계와 흐름을 직관적으로 포착해 낼 수 있다. 감독의 시각에서 보이지 않는 업무 전체를 조망해 보자. 감독이라는 자리를 차지해 있겠다는 마음만으로도 당신은 분명 직관력이 높은 일잘러가 될 수 있을 것이다.

논리적으로
상사를 설득하는 법

일할 때 때론 개인 취향에 따라 의사를 결정할 수도 있고, 논리적으로 의사결정을 해야 할 때도 있다. 하지만 정말 중요한 일, 신중한 일, 규모가 큰 일, 비즈니스에 결정적인 일, 생사가 오가는 일이라면 취향에 따른 선택이 아니라 논리적인 의사결정을 해야 한다.

개인 취향은 독립적인 낱개 정보에 불과하다. 하지만 논리는 반드시 'A면 B다'와 같이 짝으로 되어 있다. 평면이 아니라 입체적으로 접근한다는 뜻이다. 잠시 아리스토텔레스의 3단 논법을 살펴보자.

전제: 모든 인간은 죽는다.

중간 개념: 소크라테스는 인간이다.

결론: 소크라테스는 죽는다.

"모든 인간이 죽는다면 소크라테스도 인간이니까 죽는다"는 문장은 논리적이다. 왜냐하면 전제와 진술이 짝으로 연결되기 때문이다.

직장에서 일할 때는 논리적으로 상대방이나 의사결정자를 설득해야 할 경우가 많다. 제안, 의견, 아이디어를 논리적으로 설득하는 방법은 생각보다 간단하다. 짝을 찾아 서로 연결하면 된다.

논리를 구축하는 대표적인 짝은 '원인-결과' '기준-결정' '전제-판단' '주장-근거' '증명-예시' '추세-예측' 등이다. 논리적 설득을 강화하는 대표적인 짝 활용법에 대해 예시를 통해 알아보자.

구분	내용
원인 - 결과	"최근 사내 통신망을 구축해 프로젝트 진행 상황과 속도, 효율성을 실시간 확인할 수 있고 팀 간 원활한 소통이 가능해졌기 때문에 시간과 비용을 20% 정도 줄일 수 있습니다."
기준 - 결정	"고객 만족도, 제품 품질, 비용 효율성은 우리 프로젝트의 성공을 평가하는 중요한 기준입니다. 이러한 기준을 고려해 최종 결정을 내리겠습니다."
전제 - 판단	"동북아 월드컵 유치에 성공한다고 전제하면 한중관계 회복에 따라 중국에 A 사업을 중심으로 진출해야 하지만 유치에 실패한다면 한중관계 불안 유지에 따라 B 사업을 중심으로 진출해야 한다고 판단됩니다."
주장 - 근거	"우리 신제품은 시장에서 경쟁력이 있습니다. 그 이유는 혁신적인 기술을 접목한 높은 품질에 가격경쟁력과 자체 유통망을 이미 갖추었기 때문입니다."
증명 - 예시	"우리 기업의 컨설팅 능력과 전문성은 입증되었습니다. 최근 A 대기업의 관련 프로젝트를 성공적으로 완수했고, 작년에는 B 대기업의 관련 프로젝트를 최고 수준으로 완료했습니다. 첨부 자료에 10년간 100여 개의 성공 경험 사례를 소개하겠습니다."
추세 - 예측	"최근의 시장변화 환경과 기업 주식 동향에 따르면 디지털 마케팅이 더 중요해지는 추세입니다. 우리가 이 분야에 투자하면 미래에는 시장에서 선도적인 입지를 확보할 수 있을 것으로 예측됩니다. 이러한 추세를 고려해 다음과 같은 세부 전략을 제시하고자 합니다."

회사에서는 안 가르쳐주는 업무 센스

+ 12. +

융합적 사고와
초연결

뇌 과학자 로돌포 이나스$^{Rodolfo\ Llinas}$는 창의적 사고를 "새롭고 독특한 기억의 조합"이라고 정의했다. 노스웨스턴대 브라이언 우지$^{Brian\ Uzzi}$ 교수와 그의 연구팀은 1만 2,000종에 달하는 학술지 연구와 1,090만 편 학술논문의 알고리즘을 분석해 창의적 연구 결과의 공통점을 찾아냈다. 결론은 '새롭게 연결 조합한 결과물'이라는 점이었다. 이 말을 고급 어휘로 표현하면 '융합' 혹은 '초연결'이다. 전혀 다른, 전혀 관계없는 분야의 정보, 사례, 경험 등을 접목했다는 의미다. 실제로 모든 창의성의 씨앗은 연결에서 탄생한다. 전혀 다른 분야를 조합하는 융합적 사고나 초연결로 창조한 혁신적 제품이나 혁신적인 비즈니스 모델 등 몇 가지 사례를 살펴보자.

1) 테슬라의 전기 자동차와 에너지 솔루션: 자동차 제조 및 에너지 저장 기술을 결합해 전기 자동차 및 태양광 발전 및 에너지 저장 솔루션을 제공하고 있다.

2) 애플의 아이폰과 앱 스토어: 하드웨어와 소프트웨어를 융합해 스마트폰을 제작하고, 앱 스토어를 통해 다양한 앱을 고객에게 제공하는 혁신적인 모델을 구축했다.

3) 구글의 검색 엔진과 온라인 광고: 검색 엔진을 통해 사용자의 관심사

를 파악하고 이를 기반으로 타깃팅한 온라인 광고를 제공해 비즈니스 모델을 혁신시켰다.

그렇다면 혁신적 프로젝트 기획과 문제해결을 위해 어떻게 융합적 사고, 혹은 초연결 사고를 할 수 있을까? '융합·초연결 모형'을 시각화해 생각하면 훨씬 쉽다.

우선 빈 종이에 두 칸의 네모 상자를 그린다. 그리고 좌측 칸에 사업 내용, 상품, 문제, 현재 상황, 기존 방식 등을 정리한다. 우측 칸 안에는 초연결 데이터에 해당하는 인공지능과 4차산업혁명 신기술, 신소재, 다른 분야 성공 사례, 경험 등을 자유롭게 넣는다. 그리고 양쪽에 정리한 내용으로 어떤 조합이 가능한지 시뮬레이션을 해보면 된다.

현재 우리 문제, 상황, 데이터 정리	초연결 데이터
현재 우리의 사업, 준비 중인 미래 사업, 상품, 문제, 현재 상황, 기존 방식, 우리 강점(단점) 등	- 챗GPT 생성형 인공지능, 인공지능 - 메타버스, 가상현실, 증강현실 - 드론, 3D프린팅, 블록체인 - 4차산업혁명의 주요 신기술 - 신소재, 다른 분야 성공 사례 - 다양한 영역의 정보 - 다른 시장, 다른 고객, 다른 비즈니스 모델 - 다른 분야 학문과 신 연구 결과 - 머릿속에 떠오르는 키워드, 경험 등

+ **13.** +

즉시 사용할 수 있는
아이디어 발상법 5가지

급하게 아이디어 회의를 준비해야 하는데 좋은 생각이 떠오르지 않을 때는 정말 막막하다. 이렇게 난처한 상황에 처했을 때 즉시 활용할 수 있는 5가지를 소개해 보겠다.

구분	내용
① 오스본의 체크리스트	과제나 문제를 정리한 뒤 다음 9가지 질문을 던져보면서 아이디어를 찾는 원리다. 각 질문의 머리글자를 따 'SCAMPER(스캠퍼)'라고도 한다. – 대체Substitute : 다른 것으로 대체해 보면 어떨까?(ex 종이컵, 나무젓가락, 태양전지 자동차 등) – 결합Combine : 두 가지 서로 다른 것을 결합해 보면 어떨까?(ex 지우개 연필, 인터넷 휴대폰, 시계 겸용 건강 체크기 등) – 적응Adapt : 새로운 용도, 상황에 맞추거나 적응시켜 보면 어떨까?(ex 장미넝쿨 → 철조망, 산우엉 가시 → 벨크로, 놀고래 → 수중음파 탐지기 등) – 변경Modify : 기존의 것을 수정해 보거나 변경시켜 보면 어떨까?(ex 포스트잇, 산소 넣은 소주, 산소를 넣어 뜨게 한 비누 등) – 용도 변경Put to other uses : 전혀 다른 용도로 사용해 볼 수는 없을까?(ex 폐타이어 → 연료, 쓰레기 → 에너지, 시계 → 패션 액세서리, 톱밥 → 숯 등) – 제거Eliminate : 이것에서 한두 개의 요소나 부분을 제거해 보면 어떨까?(ex 씨 없는 수박, 사진 현상소, 날개 없는 선풍기 등) – 반전Reverse : 거꾸로 뒤집어보거나 반대로 해보면 어떨까?(ex 누드김밥, 동물들이 자유롭게 다니는 동물원 등)

② 만다라트	아이디어를 찾아내는 마법의 상자라는 뜻이다. 팀 단위보다는 개인이 활용하기에 좋다. 1) 9개의 칸으로 나눈 정사각형을 그린 후, 중앙 칸에 주제나 키워드를 적는다. 2) 주제나 키워드를 보면서 머릿속에 떠오르는 8개의 단서를 나머지 8개의 빈칸에 하나씩 적어 넣는다. 3) 확장된 8개의 주제나 키워드 중 더 전개할 수 있을 것 같은 단서 하나를 고른다. 4) 이번에는 이 주제나 키워드를 중심에 놓고 다시 새로운 8칸을 채워 나간다.
③ 속성 열거법	과제나 문제를 속성별로 세분화하고, 각 속성에 맞추어 특징이나 의미를 부여해 창의적인 아이디어를 즉각적으로 도출하는 방식이다. - 브랜드나 제품 등의 속성을 기능적 속성, 편익적 속성, 가치적 속성, 디자인적 속성, 서비스속성 등 다양한 속성별로 쪼갠 후 정리한다. - 세분화한 속성들 속에 가장 중요한 점, 차별적인 특징, 경쟁 요소를 찾아 정리한다.
④ 매트릭스 법	매트릭스는 가로와 세로로 구성된 표다. 도형, 벤다이어그램, 마인드맵, 매직트리 등 다양한 모양을 이용해 주제를 분류하고 재배열해 본다. - 기준이나 일정, 주제별로 세부 내용을 분류해 본다. - 분류를 잘 반영할 수 있는 표, 매직트리, 벤다이어그램 등 형식을 선택한다. - 각 분류에서 더 확장될 요소나 공통적인 요소, 결핍된 요소 등을 찾아본다.

회사에서는 안 가르쳐주는 업무 센스

	아이디어 회의를 하면서 체크리스트를 중심으로 활용해 볼 수 있는 기법이다. 팀장이 5가지의 모자 색깔을 지시하면 그 색깔이 의미하는 기준으로 토론해 보는 방식이다. 때론 각자 다른 색깔의 모자를 썼다고 가상하고 자신의 체크리스트 기준을 토대로 토론해 볼 수 있다.
⑤ 5가지 모자 생각법	– 하얀색 모자: '객관적인 정보나 데이터 중심'으로 생각해 본다. – 빨간색 모자: 논리나 합리적인 판단을 하지 않고 '직관, 감정, 본능'에 충실해 의견을 말한다. – 검은색 모자: 왜 안 되는지, 무엇이 약점인지 부정적인 면을 중심으로 질문을 던진다. – 노란색 모자: '무조건 좋은 측면, 장점, 이익' 등을 찾아내 이야기한다. – 초록색 모자: '기발하고, 기존에 없고, 독창적이고, 창조적인 생각'을 해본다.

+ **14.** +

디자인 싱킹 이해와
활용법

디자인 싱킹Design Thinking은 문제해결과 혁신을 위해 활용할 수 있는 생각 도구다. 이는 제품 디자인뿐만 아니라 비즈니스 전반에 걸쳐 다양한 분야에서 활용되고 있다. 디자인 싱킹의 가장 큰 특징은 '사용자 중심'의 문제해결 방법론을 따른다는 것이다. 즉 제품을 사용하는 사람의 감정을 깊이 있게 들여다보고 공감하는 생각 도구다. 이 때문에 사용자의 경험에서 나온 목소리를 중요시한다.

디자인 싱킹은 6단계 절차로 구조화되어 있다. '공감하기 → 문제정의 → 아이디어 도출 → 시제품 제작 → 테스트 → 배우기' 순이다. 이런 6단계의 디자인 싱킹을 의료기기 회사의 업무에 적용해 보면 다음과 같다.

단계	내용
1단계: 공감	의료기기 회사에서 의료 전문가와 환자를 대상으로 인터뷰해 환자들이 의료기기 사용 중 겪는 어려움과 감정적인 측면을 이해한다. 이를 통해 의료기기의 사용자 경험을 개선하는 데 중점을 둔다.
2단계: 문제정의	수집된 정보를 바탕으로 팀은 의료기기 사용자가 직면한 가장 중요한 문제를 식별한다. 가령 환자가 의료기기를 적절히 사용하지 못해 치료 효과가 떨어지고 있는 경우를 정의한다.
3단계: 아이디어 도출	환자가 의료기기를 더 쉽게 이해하고 사용할 수 있는 방법에 대해 고민해 음성 안내 기능을 도입하는 아이디어를 도출한다.
4단계: 시제품 제작	음성 안내 기능을 통한 사용자 경험을 시각화하기 위해 시제품을 제작한다. 터치스크린과 음성 안내 기능을 결합한 간단한 의료기기 모형으로 구현한다.
5단계: 테스트	제작된 시제품을 실제 환자들에게 제공해 사용해 보도록 하고, 그들의 피드백을 수집한다. 환자들이 쉽게 사용할 수 있는지, 음성 안내 기능이 도움이 되는지에 대한 테스트를 진행한다.

6단계: 배우기	환자들로부터 피드백을 받아 현재의 디자인에 대한 강점과 약점을 파악하고, 추가적인 개선 사항을 분석한다. 예를 들어 음성 안내의 명료성을 높이거나 특정 환경에서의 사용 편의성을 개선하는 방향으로 학습해 본다.

+ **15.** +

생각의 도구
'마인드맵' 활용법

먹고 싶은 음식을 정하거나 내 미래의 목표를 설정할 때, 우리는 마인드맵을 종이에 그려가며 생각을 확장한다. 생각이나 정보, 아이디어를 '시각적으로' 정리하고 표현하는 생각 정리 도구다. 나무 기둥(중심)에서 뻗어가는 나뭇가지 모양을 떠올리면 마인드맵을 쉽게 이해할 수 있다.

나무 기둥에서 다양한 나뭇가지들이 뻗어나게 시각적으로 표현하는 것으로 핵심 요소-부수 요소, 인과관계, 우선순위 등을 빠르고 직관적으로 파악하고 기억할 수 있도록 단순히 종이와 펜만 있으면 누구나 쉽게 그려가며 아이디어를 창조할 수 있는 생각 도구이므로 그 활용도는 매우 높다.

마인드맵을 그리는 요령은 중심 주제를 중심에 두고 뻗어가는 나뭇가지들로 그려 나가는 것이다. 나뭇가지는 키워드, 이미지, 색상 등 다양한 방법으로 표현할 수 있어 창의적인 사고와 정보 정리에 유용하게 활용할 수 있다. 내가 생각을 정리하거나 목표로 향하는 방향을 설정할 때 활용하는 5가지 마인드맵을 소개해 보고자 한다. 다음 표로 정리해 소개하는 마인드맵 활용법을 참고해 보기 바란다.

구분	내용
① 계획 및 아이디어 정리	프로젝트 계획을 세우거나 새로운 아이디어를 정리할 때 사용된다. 예를 들어, 새로운 제품 아이디어를 마인드맵으로 표현해 각 구성 요소와 아이디어 간의 관계를 시각적으로 파악할 수 있다.
② 회의 및 토론 도구	팀 회의나 토론에서 아이디어를 제시하고 조직화할 때 사용된다. 팀원들이 각자의 아이디어를 추가하면서 전체적인 그림을 만들어가는 데 유용하다.
③ 문제해결과 결정 도구	어떤 문제를 해결하거나 중요한 결정을 내릴 때, 관련한 정보와 대안을 마인드맵으로 정리하면 시각적으로 비교 분석하는 데 도움을 얻을 수 있다.
④ 학습 목표 설정	학습 목표를 세우고 관련된 주제들을 마인드맵에 표현해 개념을 시각적으로 이해하는 데 활용된다.
⑤ 회의 노트 작성 및 미팅 메모	회의 중에 발표되는 내용을 정리하거나, 아이디어를 메모하는 데 사용된다. 주제와 부속 정보들을 연결해 읽기 쉽게 만들 수 있다.

회사에서는 안 가르쳐주는 업무 센스

이러한 마인드맵 활용을 위해서 현재 추진하고 있거나 예정 중인 프로젝트의 계획을 마인드맵으로 설계해 보면 다음과 같은 기초 지도를 그릴 수 있다.

이렇게 중심 주제에서 출발해 세부 사항을 더 자세히 나누어 가면서 아이디어나 생각을 시각적으로 펼쳐 구조화할 수 있다.

+ 16. +

기획력을 높여주는
4MAT 기법

회사 생활하는 동안 아주 짧은 시간 내에 자기 아이디어나 제안 사항을 다양한 방식으로 상사를 설득해야 하는 경우가 많다. 물론 아이디어를 상사가 무조건 받아들이지 않는다. 기획은 자신만의 생각이나 아이디어를 타인에게 효과적으로 이해시키고 설득하는 생각의 설계 과정이다. 따라서 상사를 설득할 수 있는 기획을 구성해야 한다.

그렇다면 상사가 내 제안을 빠르게 받아들이도록 만드는 방법은 무엇일까? 세계적으로 권위 있는 교육학자 버니스 메카시^{Bernice} ^{McCarthy} 박사의 '뇌 학습의 4단계 절차 이론4MAT'을 적용하면 큰 도움이 된다. 우선 인간의 뇌가 학습하는 4단계 절차를 알아보자.

> 1단계: 왜 해야 하는 거지?
> 2단계: 무엇을 하면 되는데?
> 3단계: 어떻게 해야 하는데?
> 4단계: 만약 그렇게 하면 왜 좋은데?

사람은 보통 1단계부터 4단계까지 뇌가 궁금해하는 것을 해소하면서 타인의 제안을 수용한다. 반대로 이야기하면 이 4단계 절차에 맞추어 미리 답을 제시하면 상대의 마음이 움직일 가능성이 커진다는 의미다.

무작정 내 제안이 좋다고, 이 아이디어 어떠냐고 과도하게 밀어붙이지 말자. 다음 표와 같이 정리한 흐름에 맞추어 상대의 뇌가 수긍하기 쉽게 논리적인 구조화 과정을 기획해 전달할 수 있도록 하자.

단계	내용
1단계 – Why: 왜 해야 하는 거지?(상사, 선배, CEO, 의사결정자)	"팀장님, 요즘 사내 팀장급 혁신 아이디어 제안 발표 공모전 준비 때문에 고민이 많으시죠?"

회사에서는 안 가르쳐주는 업무 센스

2단계 - What: 무엇을 하면 되는데?	"팀장님, 대표님과 임원진을 잘 설득하기 위해 '뇌 학습의 4단계 절차 이론'을 활용해 보세요."
3단계 - How: 어떻게 해야 하는데?	"팀장님이 제안할 내용을 '왜' '무엇을' '어떻게' '만약' 형식으로 구조화해 설계해 보세요."
4단계 - If: 만약 그렇게 하면 뭐가 좋은데?	"그렇게 하면 대표님과 임원진의 머릿속에 팀장님의 제안 내용을 논리적이면서 명료하게 새길 수 있어서 설득 가능성이 커질 거예요."

+ **17.** +

이상을 현실로 만들어주는 '로직 트리' 활용법

기발한 아이디어는 모두 성공할까? 그렇지 않다. 아이디어 혹은 이상, 비전이 현실로 실현되기 위해서는 절차가 꼭 필요하다.

아무리 좋은 아이디어라고 해도 구체적인 무언가로 만들어지려면 반드시 '설계도'가 있어야 한다. 여기서 설계도란 이른바 절차, 분류, 단계, 계획, 구현 과정을 말한다. 아이디어나 과제가 있다면 먼저 절차, 중요도, 시간 등 다양한 기준으로 분류해 그룹화한 다음 역할 분담과 집행 순서를 정하는 구체적인 설계도를 그릴 수 있어야 실현될 가능성이 커진다.

그 설계도는 정교할수록 효율성이 높다. 생각이나 이야기를 전달하기 위해 정보와 지식을 비교하고 분류하고 통합하는 설계도를 우리는 '로직 트리Logic Tree'라고 부른다. 큰 분류와 작은 분류로 전개되는 나뭇가지 모양을 연상시킨다고 해서 로직 트리라는 이름을 붙였다.

로직 트리 개념을 이해하고 매 순간 설계도를 그리는 사람은 어떤 일이든 성공할 가능성이 크다. 아이디어를 창조할 수 있는 다리를 건설할 수 있기 때문이다. 더 중요한 건 아이디어만으로는 돈을 벌 수 없지만, 설계도를 만들면 돈을 벌 수 있다는 점이다. 수익을 창출하고 부자가 되고 싶다면 로직 트리 설계도를 그릴 수 있어야 한다. 로직 트리를 설계하는 방식은 여러 가지가 있다. 다음에 소개하는 다양한 '로직 트리'를 기억해 둔다면 일하는 데 큰 도움이 될 것이다.

1) N분의 1 세분화 기법: 1계명, 2계명, 3계명 ~ 10계명처럼 내용이나 정보를 거의 똑같은 분량과 형식으로 나누어 적는다.
2) 1-3-1 기법: 서론, 본론, 결론으로 나눈 후 본문도 마찬가지로 다시 세 가지로 나눈다.
3) 기승전결 기법: 어떤 일이 시작되는 부분, 전개 부분, 상황이 전환되거나 극적 반전이 이루어지는 부분, 이야기의 마무리 부분으로 나누어 만든다.
4) 상황 분석 → 문제정의 → 솔루션 → 실행계획 → 기대효과 기법: 기획

서, 제안서를 작성할 때 자기 아이디어나 주장을 논리적으로 설득하는 과정을 반영한다.

5) 계단식 전개 기법: 1단계, 2단계, 3단계, 4단계, 5단계처럼 계단 모양으로 이어지도록 만든다.

6) 테마별 분류 기법: 주제를 정해 그것을 기준으로 분류한다. 긴 것과 짧은 것, 보이는 것과 보이지 않는 것 등 다양한 주제로 분류한다.

나는 대학 강의를 할 때마다 대학생들에게 이런 '로직 트리'를 반드시 기억하라고 강조한다. 머릿속에 수많은 아이디어를 떠올리는 사람은 정말 많다. 그러나 실제로 소수의 사람만 그 아이디어를 실현한다. 당신이 새로운 아이디어를 많이 내놓는다고 돈을 주진 않는다. 그러나 새로운 아이디어와 설계도를 동시에 제안하면 투자자가 돈을 준다. 이를 실현할 수 있는 사람이 성공하는 소수의 사람임을 기억하자.

+ **18.** +

예측력을 높이는
생각 기술

성공한 주식 투자자가 방송에서 대학생 예비투자자들의 멘토로 나와서는 자신의 투자 성공 에피소드를 들려주었다. 어느 날 그의 아내가 봄에 '제습기' 하나를 홈쇼핑에서 구매했다. 그런데 제습기의 배송이 너무 지연되었다.

택배 직원에게 '왜 이렇게 배달이 늦냐?'라고 불만을 이야기하자, 제습기 배달이 너무 많이 밀려 있어 지금 배달이 많이 지연되고 있다는 것이다. 이 멘토는 아내에게 택배 직원의 말을 전해 듣고 이런 생각을 떠올렸다. "요즘 사람들이 요즘 제습기를 엄청나게 주문하고 있다고? 그럼 제습기 시장 주가가 곧 오르겠네!"

제습기 주문이 폭주해 배송이 지연되고 있다는 사실은 주식투자자 관점에서는 제습기 주가 상승의 신호탄이 되는 사건이다. 모든 일은 낱개의 데이터가 아니고 프로세스다. 그러니 모든 일은 반드시 이전 단계, 현재 단계, 다음 단계로 이어지고, 서로 연결고리로 이어져 있다. 이를 직장인의 관점에서 다시 생각해 보자. 일은 관계를 맺으며 전개되고, 개별적인 업무와 사람이 서로 연결되며 흐름이 생기고 그래서 프로젝트 안에선 예측할 수 있다.

일하는 현장에서 예측력을 키우려면 지금 하는 일만 보지 말고 '관계'와 '흐름'을 보아야 한다. 일이나 업무의 기승전결 프로세스 전체를 그려보고 단계별로 벌어질 일을 가정해 본다면 예측력이 높아진다.

지금 당장 화려하고 좋은 연못을 만든다고 생각해 보자. 아무 생각 없이 연못을 화려하고 크게 만들면 당장은 좋겠지만 시간이 지나면 수질 관리 같은 것에서 발생하는 엄청난 비용과 노동력이 필요할 것이다. 이 흐름을 예측한다면 관리 비용이 거의 들지 않는

10센티미터 깊이의 연못을 만들고 수초들이 잘 자랄 수 있는 환경을 마련할 것이다.

보통 사람은 예측이 막연하고 불가능하다고 믿는다. 하지만 예측력 또한 노력으로 키울 수 있다. 내가 늘 사용하는 예측력을 높이는 기술들을 정리해 소개한다.

예측 사고 기술	내용
프로세스 사고	예측은 모든 일이 기승전결의 흐름으로 진행되기 때문에 가능하다. 한 예로 봄, 여름, 가을, 겨울처럼 시간적 프로세스로 작동하니 시간적 흐름을 읽을 수 있어 계절을 예측할 수 있다.
패턴 인식 사고	예측은 '패턴' 때문에 가능하다. 세상은 대부분 패턴으로 반복된다. 밤낮과 계절, 프로젝트, 문제 등 패턴이 반복되니 당연히 예측할 수 있다.
경향성 사고	예측은 '경향성'을 읽을 수 있어 가능하다. 특정 성격이나 기질이 있다면 그것이 발현되는 방향으로 예측할 수 있다. 외향적인 사람은 외향적으로 방향으로, 내성적인 사람은 내성적인 방향으로 움직이니 예측할 수 있다.
확률적 사고	예측은 '확률' 때문에 가능하다. 세상은 확률로 작동되며 확률은 수학의 개념이다. 주사위를 던져 나올 눈금은 당연히 $1/6$로 예측할 수 있다.
무대(판세) 읽기 사고	예측은 우리가 발 딛고 있는 '무대(판세)' 때문에 가능하다. 근본적인 판세가 개별 데이터나 상황을 지배하고 통제한다. 보이지 않는 손(시장)이 생산자와 소비자를 통제하는 것과 마찬가지다.

직관(통찰)적 사고	예측은 느닷없이 일어난다. 왠지 그럴 것 같은 느낌 말이다. 위에 나온 다양한 예측적 사고들이 연결, 융합되어 나오는 것이 직관적 사고다. 직관적 사고는 통찰이나 예측을 가능하도록 한다.

+ **19.** +

전문성 높여주는
업무 '데이터 댐' 구축법

나는 데이터 댐을 구축하고 있다. 거의 30년 가까이 관리하는 중이다. 나의 데이터 댐은 자신의 직무, 관심 분야와 관련된 다양한 지식, 정보, 데이터, 경험, 사례, 아이디어 등을 체계적으로 분류해 축적해 두는 일종의 '정보창고'다.

나는 30년 경력의 언론 기자이며 기업과 정부 기관의 공모 전략 컨설턴트, 심사위원, 창의성 강사이면서 20권의 책을 낸 작가다. 내가 기자, 저자, 기획자, 아이디어코치, 강사 등 다양한 분야에서 새로운 프로젝트를 기획하고 콘텐츠를 생산할 수 있었던 건 그동안 수많은 관련 자료를 수집하고 분석했기 때문이다.

나는 대학교 1학년 때 대학신문 기자가 되었다. 그때부터 취재와 자료 수집을 통해 정보를 모으기 시작했고, 책과 다양한 미디어에서 찾아낸 정보를 조합해 그 안에 의미 있는 맥락을 읽어내고 창의적인 아이디어를 만들었다. 내가 가지고 있는 자료 분석 노하우가 바로 내가 20대부터 구축한 '데이터 댐'이다.

대학을 졸업한 후 본격적인 주간지 기자로 일을 시작하면서 관심 있는 분야의 정보를 꾸준히 수집하고 내 관심 분야 데이터를 체계적으로 관리했다. 그때 활용한 데이터 관리 수단이 바로 비공개 블로그다.

비공개 블로그를 개설한 후, 내 관심 카테고리를 체계적으로 세분화해 분류했다. 그리고 분류에 맞도록 관심이 가는 정보와 머리에 떠오르는 수많은 아이디어를 스크랩하고 메모해 두었다. 내 비공개 블로그에는 온갖 기사와 소설, 칼럼, 웹툰 시나리오, 연구 글은 물론, 수많은 사람에게 받은 질문들과 나의 답변 등 30년 넘도록 차곡차곡 모아 온 데이터가 관리되고 있다.

비공개 블로그를 데이터 댐으로 활용하니 누릴 수 있는 장점이 많았다. 우선 남들에게 공개하지 않으니 특별히 외양을 신경 쓸 필요가 없었다. 흥미로웠던 주제의 기사나 좋은 자료라는 생각이 들면 1~2초 만에 즉시 해당 분야 카테고리에 스크랩할 수도 있었다. 언제든 자유롭게 메모할 수 있으며, 내가 쓴 글도 원문 그대로 빠짐없이 저장해 둘 수 있었다.

그렇게 10년이 지나자 뉴스와 나의 아이디어, 사람들의 질문과 내 멘토링 글 등 다양한 정보들이 서로 연결되면서 나만의 독창적인 아이디어와 솔루션이 나오기 시작했다. 이렇게 만들어진 아이디어나 자료를 분석하면 코칭 솔루션이 즉각 나오고, 강연 요청이

들어올 때도 순식간에 설계도를 만들 수 있다.

나는 많은 사람에게 조언한다. "제발 개별 지식이나 낱개의 정보로 놔두지 마세요. 머릿속에 낱개로 남아 있는 정보는 강한 휘발성이 있어 다 날아가 버립니다. 그러니 빨리 개별 지식과 낱개의 정보를 보관할 창고를 먼저 지으세요." 창의적이고, 전문적인 리더나 인재로 거듭나고 싶다면 지금 즉시 자신만의 '데이터 댐'을 건설하자. 그리고 그곳에 관심이 가는 정보를 꾸준히 축적하자. 그 정보가 쌓이고 쌓여 10년 뒤의 당신을 한 차원 높은 지식인으로 만들 것이다.

+ 20. +
# 프로젝트 기획 평가항목 이해하기

나는 오랜 세월 수많은 기업과 정부 기관의 공모 프로젝트를 컨설팅해 왔다. 또한 수많은 입찰, 아이디어 제안, 콘텐츠, 인재 선발 대회에 심사위원으로 참가하고 있다.

이런 경험을 바탕으로 나는 프로젝트 기획, 콘텐츠 창작, 아이디어 등 20개 분야에 따른 대한민국 표준 심사 평가표를 만들었다. 현재까지도 많은 기업과 기관이 이 심사 평가표를 기준으로 해 업무 평가에 활용하고 있다.

대한민국 표준 심사 평가표를 이해하는 방법은 아주 간단하다. 항목은 5가지다. 1) 주제(직무) 이해와 연관성, 2) 창의성, 3) 독창성, 4) 논리성과 실현 가능성, 5) 기대효과와 완성도다. 이 기준은 '창조 프로세스 5단계 패턴 모형'에서 만들어졌다. 창조 프로세스의 5단계 패턴 모형이란 다음과 같은 구조로 되어 있다.

---

1) 일 전체 무대(범위) 세팅 → 2) 요소들의 연결 → 3) 착상 →
4) 분류, 설계, 절차 → 5) 결과(현상)

가장 먼저 일 전체 무대(범위) 세팅 1단계에서 시대변화 요소, 새로운 시장분석과 문제 발견의 적합성, 제시한 주제와의 연관성, 전제조건 등을 평가한다.

2단계인 요소들의 연결에서는 서로 다른 정보나 분야가 결합해 화학적 융합이나 초연결이 일어났는지를 본다. 한마디로 창의성을 평가하는 것이다.

3단계 착상은 기존에 없던 새로운 것인지, 차별성을 확인한다. 선행 사례들을 충분히 검토했는지도 살펴보며 이른바 콘텐츠의 콘셉트나 문제해결 방식의 독창성을 평가한다.

이어 분류, 설계, 절차 4단계에서는 콘셉트나 아이디어의 구체적인 실현 가능성을 검증한다. 어떤 과정을 거치고 어떤 근거와 어떤 기술을 적용해 결과를 창조할 수 있는지 논리성, 실현 가능성 등 평가한다.

마지막 결과(현상) 5단계에서는 세상에 나올 그것의 기대효과, 이미지, 완성도, 경제성, 가치창조 등을 예측해 세상에 새로운 가치를 만들어 낼 수 있는지의 수준을 평가한다.

정리하자. 많은 기업과 기관이 기준으로 하는 심사 평가는 '창조의 프로세스 전체 5단계 패턴'을 얼마나 논리적으로 구축하고 서로 연결했느냐를 확인하는 작업이라고 할 수 있다. 그러니 세상 모든 일을 평가하는 기준을 정리해 나타낸다면 다음과 같다.

창조 프로세스 5단계 핵심 요소	평가 5대 요소	세부 평가 기준
1단계: 무대 세팅	주제, 문제(직무) 연관성	– 상황 분석에 충실하고 출제자의 의도를 정확하게 파악하고 있는가? – 문제를 정확하게 이해하고 있는가? – 두루뭉술하지 않고 얼마나 세분화되고 구체적인 문제로 정의하고 있는가? – 주제와 연관성이 있는가?
2단계: 연결	창의성	– 창의적인가? – 새롭고 신선한가? – 기존에 없던 것인가? – 서로 다른 요소가 서로 만나 혁신적으로 조합되었는가? – 다른 관점인가? – 혁신적인 인사이트가 있는가?

회사에서는 안 가르쳐주는 업무 센스

단계	평가항목	평가 질문
3단계: 착상	독창성	- 임팩트 있는가? - 독창적인가? - 차별적이며 경쟁력이 있는가? - 명확한 콘셉트가 있는가? - 선행 조사는 어떠한가? - 유사 사례가 있는가?
4단계: 분류와 설계	논리성	- 논리적인가? - 충분한 자료 근거가 있는가? - 구체적인 적용계획이 있는가? - 실현성이 있는가? - 열정, 치열, 노력이 뒷받침되어 있는가?
5단계: 결과	완성도 (기대효과)	- 완성도는 높은가? - 기대효과는 어떠한가? - 경제성이 있는가? - 성의와 태도가 좋았는가? - 좋은 이미지를 주었는가?

우리는 일하면서 매 순간 타인의 평가를 받는다. 새로운 프로젝트를 기획하거나 새로운 아이디어 제안서를 작성할 때 반드시 이 5가지 평가 기준을 참고해 보자. 당신이 어떤 일을 하든지 이 심사 평가표를 염두에 두고 기획한다면 평가가 달라질 것이다.

2장

업무 향상 기술

- 주어진 일을 완벽하게 완수하는 방법

선배로부터 '일'을 지시받았을 때, 그 찰나의 순간에 일을 잘하는 사람과 못하는 사람으로 나뉜다. '자료조사' '사업보고서' '기획안 발표' 등 일의 시작부터 일을 끝내는 모든 순간에 일잘러의 사고 방식과 처리 능력은 무엇인가 다르다. 만약 실수를 저질렀어도 일잘러의 대응 능력 또한 특별하다. 회사에 들어가면 우리는 무조건 누군가의 후배가 된다. 그렇기 때문에 선배가 지시한 일을 완벽하게 처리할 수 있느냐에 따라 회사에서의 평가 수준이 달라질 수밖에 없다. 2장에서는 일잘러라는 평가를 받기 위해 주어진 업무를 완벽히 수행할 수 있는 필수 기술들을 정리해 보았다.

프로젝트 기획안
작성법

일하다 보면 때때로 크고 작은 규모의 프로젝트 기획을 맡을 수 있다. 맡는 순간 서둘러 직접 기획안을 준비해야 한다. 기획안은 사업 성공을 위한 필수 요소들과 그 요소들의 관계를 조율하고 절차를 종합적으로 사전에 검토하는 종합 설계도다. 따라서 기획안 내용은 누구나 이해할 수 있을 정도로 구체적이고 명확해야 한다.

기획안을 잘 쓰려면 먼저 프로젝트 기획을 잘하는 법을 알고 있어야 한다. 이때 가장 중요한 건 프로젝트 단위를 전체적으로 바라보는 안목이 필요하다. 물론 프로젝트 단위는 분야나 성격, 규모에 따라 달라질 수 있다. 하지만 일반적인 프로젝트 단위의 전체 요소를 표로 정리해 보면 다음과 같다.

요소	체크포인트
프로젝트 개요 및 목적 정의	- 프로젝트의 목표, 범위, 기대 결과물 등을 명확하게 정의 - 프로젝트의 필요성과 중요성을 간략하게 설명
프로젝트 상황 분석, 배경 및 동기	- 프로젝트가 왜 필요한지, 어떠한 문제를 해결하려는 지 설명 - 프로젝트의 동기와 필요성을 강조
이해당사자와 이해관계자 명시	- 프로젝트에 참여하는 주요 이해당사자와 이해관계자 목록 작성 - 각 이해당사자의 역할과 기대 사항(시장조사, 요구분석) 기술
범위 및 제약 조건 정의	- 프로젝트의 범위를 세부적으로 정의 - 제약 조건 및 제한 사항 설명
목표 및 성과 지표 설정	- 프로젝트의 주요 목표와 성과를 명확하게 정의 - 성과를 측정하기 위한 지표 설정
일정 계획 수립	- 프로젝트의 주요 단계와 활동을 일정에 따라 계획 - 각 단계의 시작일, 종료일, 중요한 이벤트 등 기술
자원 할당 및 예산 계획	- 프로젝트에 필요한 인력, 장비, 자금 등의 자원을 할당 - 예산 및 자원 사용 계획 수립
위험 요소 및 대응책 정의	- 프로젝트 진행 중에 발생할 수 있는 위험 요소를 식별하고 대응책 마련 - 위험의 심각성과 우선순위를 평가
관련자 의사소통 및 협업 계획	- 프로젝트팀 간의 의사소통 및 협업을 위한 계획 수립 - 회의 일정, 보고서 형식, 의사소통 도구 등을 정의
승인 및 변경 관리 절차, 법규제	- 기획안의 승인 및 변경 사항에 대한 관리 방안을 정의 - 변경을 진행하는 프로세스를 명확히 설명

참고 문헌 및 참고 자료	– 사용된 모든 참고 자료와 문헌을 명시 – 필요한 경우에 대한 추가 자료와 참고 문헌을 기술
최종 검토 및 승인	– 프로젝트 기획서를 최종적으로 검토하고 승인을 얻기 위한 프로세스를 기술

필수 항목 중 몇 개를 누락하거나 소홀히 하면 큰 낭패를 볼 수 있다. 최대한 프로젝트 단위를 이해하고 필수 항목을 사전에 확인해 두어야 좋은 기획안을 작성할 수 있을 것이다.

+ **22.** +

이기는 경쟁 제안서
체크포인트

일을 수주받기 위해 다른 회사와 경쟁하는 경우가 많다. 이때 경쟁 제안서 제출이나 경쟁 프레젠테이션을 거친다. 이기는 경쟁 제안서를 만들기 위해서는 기획서가 경쟁 회사보다 독창적이고 혁신적이어야 한다. 그렇다면 어떻게 창의적인 프로젝트 기획을 할 수 있을까?

이 고민을 해결하기 위해 20세기 가장 위대한 경영학자 마이클 포터Michael Porter 하버드대 교수가 제시한 '경쟁 전략론'을 참고하자. 비즈니스 경쟁 전략에서 가장 근원적인 지위를 오랜 세월 누려

온 마이클 포터의 경쟁 전략론은 다음과 같은 세 가지로 구성되어 있다.

첫째는 원·부자재 확보로부터 AS에 이르기까지 모든 분야에서 경쟁자보다 유리한 원가를 확보함으로써 가격으로 경쟁자를 압도할 수 있는 '저원가 전략'이다. 둘째는 경쟁자와 상품이나 서비스, 영업사원, 유통경로, 상표 이미지 등에서 차별화함으로써 유리한 고지를 점하려는 '차별화 전략'이다. 셋째는 만약 원가나 차별화를 통해서 경쟁자와 맞대결을 펼칠 만한 능력이 부족하다면 시장이나 상품의 전문화를 통해서 힘을 집중하는 '전문화 전략'이다. 경쟁 제안서에서 이기는 세 가지 전략을 심플하게 정리하면 다음과 같다.

1) 원가 전략으로 경쟁자를 압도하라.
2) 차별화로 유리한 고지를 점하라.
3) 전문화로 비즈니스 힘을 집중하라.

경쟁 입찰 제안 혹은 경쟁 프레젠테이션을 해야 한다면 이 세 가지에서 우리가 이길 답을 찾을 수 있다. 그러나 이보다 더 중요한 것이 하나 더 숨어 있다. 승패를 결정할 키는 우리가 아니라 상대인 의사결정 주체(주최사, 사업자, 발주자, 평가위원단)가 쥐고 있다는 사실이다.

그래서 진짜 답은 사업주최에 대한 치열한 분석에서 나온다. 그들의 사업 목적은 무엇인가? 그들에게 무엇이 필요한가? 그들은 무

회사에서는 안 가르쳐주는 업무 센스

엇을 기대하고 평가하려고 하는가? 즉 주최사가 진행하려는 사업의 목적과 배경을 '역지사지易地思之'해야 한다. 그러기 위해 다음과 같은 주관사 니즈 분석 체크포인트를 활용하면 좋다.

- 사전에 공개한 주관사 니즈와 드러나지 않는 니즈 분석
- 주관사 기획 의도 분석 및 중요도의 우선순위
- 주관사가 기대하는 성공의 목표 재확인
- 주관사 담당자의 핵심적인 관심사 적극적인 문의와 확인

    모든 채널을 총동원해 주관사가 원하는 바를 확인해 그에 맞는 솔루션을 제시할 때 경쟁 제안에서 이길 확률은 높아진다. 그러니 입찰 주관사의 관심에 맞는 제안, 현장 사용자와 고객의 문제를 해결할 수 있는 제안을 할 수 있도록 '역지사지'의 관점에서 그들을 이해해야 한다.

✦ **23.** ✦

상사가 자료조사를
지시한 경우

대기업에 들어가자마자 고속 승진한 후배가 있었다. 그는 자신의 성공 비결을 이야기하면서 한 일화를 들려주었다.

그는 회사에 입사한 지 얼마 되지 않았을 때, 팀장에게 직접 '전자북 사업 전망'에 대한 자료를 구해오라는 지시를 받았다고 한다. 이때 보통의 신입사원이라면 기쁨보다 걱정이 앞설 것이다. 자료를 어디서부터 준비할 것인가? 같은 고민을 가지고 밤을 새우고서라도 관련 자료를 꼼꼼하게 정리해서 보고서를 올리자는 마음을 먹었을 것이다. 그러나 이것은 좋지 못한 접근이다. 이렇게 했다면 팀장에게 단순히 조금 노력한 신입직원으로 기억남게 될 것이다. 후배의 접근은 이와 달랐다.

 👤 후배: 팀장님이 지금 전체 단계별 과정 중 '상황 분석 단계'와 '아이디어 단계'에 있음을 알 수 있었어요. 팀장님은 2단계인 상황 분석 단계에서 3단계인 계획이나 아이디어를 구상하는 과정에서 저에게 자료 조사를 맡기신 거죠. 그래서 '경쟁업체의 자료'가 필요하다는 걸 어렵지 않게 추측할 수 있었지요. 그래서 '전자책 사업 구상을 목표로 세계적 트렌드나 경쟁업체들의 자료들을 수집해서 시장별로 분류해 본 결과 이런 특징과 트렌드가 보이고 여기에 틈새시장도 있더라'라고 정리했습니다.

즉 지시 자체가 아니라 팀장의 의도와 고민을 파악해야 한다는 이야기였다. 그는 이 경험을 통해 보고서가 어떤 내용이 필요한지 분명히 알게 되었다고 한다.

👤 후배: "만약에 우리가 사업화 아이디어로 시장을 찾는다면 이 틈새시
장을 공략하는 방법도 있고, 시간경쟁이 중요하기 때문에 최약
체인 업체를 인수 합병해 추진하는 것이 효율적일 것으로 보입
니다. 그러나 조만간 대기업 두 군데서 이 사업에 뛰어든다는 소
문이 업계나 언론에 간간이 흘러나오는데, 이것이 가장 위협요
인이기 때문에 꼭 체크하는 것이 좋겠습니다."

그는 이런 멘트로 보고서를 마무리했다고 설명했다. 왜냐하면
분명히 이 문구가 팀장에게 강렬한 인상을 남기게 될 것으로 예측
했기 때문이다. 그리고 그 예상은 정확히 적중했다. 실제로 후배
가 정리한 내용을 보고 당시 팀장님이 엄청나게 칭찬했다고 한다.

당신이 팀장이라면 이런 식으로 자신이 궁금한 것을 완벽하게
정리한 보고서를 올린 신입직원이 있다면 그를 평범한 신입사원으
로 기억하고 싶지 않을 것이다. 일잘러 후배의 자료조사 비결을 다
시 한번 정리해 기억해 두자.

1) 상사가 지시했다는 지시한 사항 그것만 보지 말라.
2) 그 지시 사항이 포함한 일의 전체 과정과 맥락을 생각하라.
3) 일 과정에서 지시한 일이 언제, 어떻게 활용되는지 핵심을 파악하라.
4) 사용과 절차를 고려해 지시 업무를 활용도와 효율성을 높여 정리한
후 제출하라.

+ 24. +

사업계획서
목차 구성 요령

사업계획서는 여러 단계의 절차와 주요한 요소들이 들어 있다. 자신이 신사업 계획이나 신상품 계획서를 작성해야 할 업무를 맡았다고 가정해 보자. 그러면 미리 계획서의 전체 프로세스와 함께 각 단계의 핵심 요소를 파악해 두어야 한다. 핵심 줄기만 살펴보면 다음 5단계로 나누어 생각해 볼 수 있다.

1단계: 새로운 비즈니스 또는 신상품 영역과 환경 무대 세팅

      (시장 환경 분석)

2단계: 창의적인 연결 조합 시도

3단계: 독창적인 솔루션 창출

4단계: 집행과 실현(프로모션과 집행 절차 플랜)

5단계: 성과 도출

이 5단계를 종합적으로 고려하면서 자기 분야, 자기 업무에 맞는 세부 목차를 정리하며 사업계획서를 고도화해야 한다. 다음은 20년간 내가 몸담았던 미디어, 광고, 홍보, 마케팅, 지식포털, 교육, 프로젝트 기획과 대행 사업 분야에서 고도화해 온 나만의 '사업계획서 5단계 목차 설계도' 매뉴얼이다.

단계	내용

1단계:
무대 세팅 전략
	1) 상황 분석
	  – 현재 상황을 종합 분석하고 해당 솔루션을 기획, 개발하게 된 배경과 문제 현황 제시
	  – SWOT(강점 요소, 약점 요소, 기회 요소, 위협 요소) 분석
	  – 기존 결과물의 정보 분석(불편, 문제점, 식상, 어떤 문제·결핍·격차 등)
	2) 문제 인식
	  – 해결하고자 하는 생활편의, 사회문제 등의 문제 발견
	  – 문제 발견해 구체적으로 정의
	3) 새로운 비즈니스 무대와 범위 재설계
	  – 문제와 연관한 가능한 돌출 요소들 찾아내 모두 고려
	  – 전체 가이드라인, 전제조건, 법률과 제도 등의 기준 점검

2단계:
창의적인 연결과
조합 전략
	1) 문제가 나타나는 무대 영역을 설정한 후 다양한 '핵심 요소'들을 조합(초연결, 열린 사고)
	  – 고려할 요소, 숨은 문제, 돌출 요소, 핵심 요소 등 정리
	  – 생활 속에 다양한 발견, 고객 경험 관찰과 분석
	2) 이런 핵심 요소가 어떻게 서로 조합되는지 확인해 보며 융합해 보기

3단계: 녹장적인 솔루션 창출 전략	1) 새롭고 독특한 창의적 아이디어, 독창적 콘셉트, 창조적 솔루션 도출 2) A냐 B냐 양자택일의 상황에서 두 요소를 모두 택할 수 있는 제3의 선택 도출
4단계: 집행과 실현 전략	1) 전략 포인트가 제시하는 범주 내에 구체적인 비전(꿈)과 목표 설정 2) 프로젝트팀 구성 및 프로젝트 기획 구성, 활용 기술, 구체적인 해결 방법 제시 3) 세부 플랜과 우선순위 결정, 기존 계획과 순서 재설정 4) 전략 포인트에서 도출된 목표를 실현하기 위한 구체적인 실행 체크포인트 마련

5단계: 성과 전략과 성공패턴 창조	1) 구현 결과와 기능, 경제성, 사회적 기업 평가, 사업성 평가
	2) 이미지, 디자인, 미학적 결과물 점검
	3) 해당 솔루션을 통해서 기대되는 효과를 구체적으로 작성
	4) 실행과 결과에 따른 효과적인 매뉴얼 구축

5단계 사업계획서 구성 목차를 참조해 활용하면 어떤 일을 하든 전략적 사고가 작동해 문제에 대한 해결력이 좋아진다. 창의적인 목차를 설계하는 습관을 형성해 둔다면 문제해결, 목표 설정, 조직 관계 등 다양한 분야에서 어려움 없이 실용적인 목차를 빠르게 구성할 수 있을 것이다.

+ **25.** +

알아두면 유용한
마케팅 분석 프레임워크

나는 경영대학원에서 '마케팅학'을 전공했다. 그때 터득한 가장 유용한 지식을 꼽으라면 바로 마케팅 기획 및 시장, 고객 분석 도구인 프레임워크를 꼽을 수 있다. 하지만 경영학을 전공하지 않으면 이런 문제 분석 도구를 잘 모를 수 있다.

그래서 일하는 데 도움이 될 프레임워크 '3C분석' 'SWOT분석'

'STP분석' '4P 전략'을 소개해 보고자 한다. 실제 기획서나 제안서에서는 각 도구를 단독으로 사용하기보다는 다음과 같이 단계별로 활용하는 경우가 많다.

단계	내용
1단계: 3C+1c 시장과 고객 분석 활용 프레임워크	* 고객Customer : 타깃층을 정의하고 이해한다. 고객의 중요한 정보를 수집한다. * 경쟁자Competitor : 시장에서의 경쟁자들을 파악하고, 경쟁 환경과 경쟁자들의 강점과 약점을 분석한다. * 회사Company : 기업 자체의 강점과 약점을 파악하며, 외부 환경변화에 대비하는 내부적인 역량을 평가한다. * 채널channel : 제품이나 서비스를 소비자에게 전달하는 과정에서 어떤 유통 채널을 사용하는지 정리한다.
2단계: SWOT 시장 경쟁력 분석 프레임워크	* 강점Strengths : 우리 기업이나 제품의 강점으로, 브랜드, 기술, 인력 등이 해당한다. * 약점Weaknesses : 기업이나 제품의 내부 약점으로, 한계, 제품 불완전성, 인프라 부족 등이 해당한다. * 기회Opportunities : 외부 환경변화에서 긍정적인 요인으로 새로운 시장, 기술 혁신 등이 해당한다. * 위협Threats : 외부 환경에서 부정적인 요인으로 경쟁 증가, 법적 제약, 경제침체 등이 해당한다.
3단계: STP 마케팅 전략 포인트 분석 프레임워크	* 세분화Segmentation : 시장을 세분화해 비슷한 특성을 갖는 고객 그룹을 분류한다. * 타깃 설정Targeting : 특정 수요계층, 세분화한 영역에 집중해 마케팅 메시지 및 전략을 개발한다. * 포지셔닝Positioning : 제품이나 브랜드를 목표 고객층에게 다른 경쟁 상품들과 비교했을 때 좋은 이미지로 기억될 수 있도록 마음에 각인시킨다.

4단계: 4P 전략상품 홍보 제안 프레임워크	* 제품Product: 제품의 특징, 디자인, 브랜드, 포장 등을 결정하고 개발한다. * 가격Price: 가격 전략을 수립하고 고가, 저가 등 적절한 가격대를 설정해 시장에 출시한다. * 유통Place: 제품이나 서비스를 고객에게 어떻게 제공할 것인지 구체적인 유통망과 채널을 설정하거나 구축한다. * 홍보Promotion: 소비 시장과 타깃에 제품이나 서비스를 홍보하기 위해 최적의 광고, 판촉, PR 등의 방법을 진행한다.

+ **26.** +

1페이지 보고서
만드는 요령

선배는 언제든 "이벤트를 왜 하려는지 1페이지 보고서로 내일까지 제출해!" "그 일과 관련된 데이터들을 찾아 1페이지 보고서로 제출해!" "현재 무슨 상황인지 1페이지 보고서로 제출해!" 등의 형식으로 보고서 제출을 지시할 수 있다.

여기서 '1페이지 보고서'의 특징은 일 전체의 프로세스에서 어떤 단계, 어떤 요소 중 상사가 궁금한 질문에 대해 짧은 분량으로 핵심 내용을 간략하게 정리해 신속하고 효율적으로 답을 제시하는 보고서다.

회사에서는 안 가르쳐주는 업무 센스

즉각 '1페이지 보고서'로 작성해야 한다면 무엇을 어떻게 준비해야 할까? 다시 말하지만, 보고서 작성 시 가장 중요한 것은 상사가 궁금해하는 질문의 핵심을 파악하는 것이다. 핵심 질문을 기억하고, 정확한 답을 찾아내야 한다. 보고서에 그 답과 그 답이 담고 있는 의미, 전후 사정을 간략하게 짚어주면 상사의 의사결정에 도움을 줄 것이다. 보고서의 주제 유행별로 핵심 내용 목차를 소개하니 참고 바란다.

보고서 유형	핵심 목차 구성과 주요 내용
배경 보고서	주요 동향 및 이슈, 관련 시장, 우리의 상황과 관련된 사람들의 요구
관련 자료 정리 보고서	목적과 방향, 필요한 데이터 항목, 항목별 관련 부가 자료 정리
상황 보고서	업무 전체 진행 상황, 진행 단계와 성과, 주요 이슈 원인과 처리, 다음 절차와 전망, 요청 사항
문제 원인 분석 보고서	문제 현상과 문제의 결과, 문제 원인 핵심, 해결 방안과 필요자원
문제해결책 보고서	문제의 개요와 원인, 해결 방안, 구체적인 플랜, 실행 절차, 필요한 비용과 인력
실행 계획 보고서	목표 확인, 실행계획서, 필요자원 및 체크리스트
기대효과 분석 보고서	실행 프로세스 재확인, 기대효과 제시, 근거

핵심 요약 보고서	핵심 내용 분류별 포인트(테마별, 시간별, 중요도별 등), 특징, 평가
판단 근거 보고서	의사결정 사항 확인, 판단 근거 기준, 판단 근거와 데이터, 사례
결과 보고서	일 처리의 최종 결과 상황 보고, 주요 성과와 수치, 향후 계획이나 대응책

보고서 작성할 때는 읽는 사람이 시각적으로, 직관적으로 이해하기 쉽게 표를 이용하거나 그래프, 분류별 단락 구분, 중간 제목, 간결한 문장을 적극적으로 활용하면 더욱 좋다.

+ 27. +

업무 자료 파일 및 데이터 관리 노하우

일을 잘하는 것과 자신의 업무 데이터를 잘 관리하는 능력은 정비례한다. 다시 말해 일잘러가 된다는 건 자신의 업무 자료 파일 및 데이터를 효율적으로 관리하고 있다는 의미다. 모든 일잘러들은 주로 하는 업무의 모범답안이 폴더별로 저장되어 있다. 새로운 답안 샘플은 추가로 저장되고 비슷한 업무를 할 때는 즉각 모범답안을 찾아 활용한다.

이런 데이터 관리 시작은 빠르면 빠를수록 좋다. 입사 초기부터 자기 컴퓨터 폴더에 자료를 체계적으로 정리해 나가면 남들보다 빠르게 자기 분야에서 전문가로 성장할 수 있다.

그렇다면 자신만의 자료관리 시스템을 구축하기 위해 무엇을 해야 할까? 먼저 자신의 업무, 부서 업무, 일 전체의 프로세스, 연관 업무 등을 두루 살펴보아야 한다. 그런 후 앞으로 업무 중에 생산되는 중요한 자료, 업무 매뉴얼을 예측해 본다.

이를 바탕으로 효율적인 폴더 분류 기준을 만들어보고 체계에 맞게 업무 자료를 지속해서 업데이트한다. 일잘러의 컴퓨터 폴더 내 업무 자료 파일 관리 노하우를 정리해 보았다.

구분	내용
효율적인 폴더 분류 기준 설정 노하우	- 주요 업무별, 업무 절차별, 자주 사용하는 매뉴얼이나 자료별로 분류 기준을 정한다. - 프로젝트마다 별도의 폴더를 생성하고 해당 프로젝트에 관련된 모든 파일 및 문서를 해당 폴더에 포함해 체계적으로 관리한다. - 날짜나 기간에 따라 폴더를 정리해 최신 파일이나 중요한 작업에 빠르게 접근할 수 있도록 한다. 예를 들어, '연도-월' 형식의 폴더 명칭을 생성해 정리한다. - 업무의 중요도와 긴급도에 따라 폴더를 분류해 우선순위를 부여한다. 중요한 프로젝트나 긴급 작업을 빠르게 찾을 수 있도록 한다.

업무 데이터 관리 및 업데이트 노하우	- 각 업무 기능이나 프로젝트에 대한 별도의 폴더를 생성해 해당 분야의 모든 자료를 특정 폴더에 집중해 관리한다. - 업무의 중요도와 긴급도에 따라 폴더를 분류해 작업 우선순위에 따라 자료를 관리한다. - 프로젝트의 각 단계(계획, 진행, 완료 등)에 따라 자료를 체계적으로 관리해 프로젝트의 진행 상황을 시각적으로 파악한다.
자료 백업 관리 노하우	- 중요한 업무자료는 자동 백업 설정을 통해 정기적으로 백업한다. - 클라우드 서비스를 이용해 업무자료를 저장하고 동기화한다. 클라우드를 활용해 언제 어디서나 접근할 수 있고, 데이터를 안전하게 보호한다. - 정말 중요한 자료는 휴대용 외장하드나 네트워크 드라이브에 복사해 별도로 보관해 둔다. - 정기적으로 추가한 업무자료를 다른 위치로 복제해 데이터를 안전하게 보호한다.

+ 28. +

업무 이메일
잘 쓰는 요령

의외로 업무 이메일을 어떻게 써야 하는지 궁금해하는 사람이 많다. 업무 용건 이메일을 어떻게 쓰는지 배워본 적이 거의 없기 때문이다. 그렇다고 무슨 특별한 방법이 따로 있는 것은 아니다. 이와 관련해서 이 세 가지만 기억하자.

첫째, 업무 이메일은 받는 사람과 직접 만나 이야기하는 것처럼 작성하는 게 좋다. 직접 만난다면 첫인사를 나누고 명함을 교환하고 용건을 나눈다. 이러한 절차에 따라 이메일 작성한다고 가정했을 때의 섭외 업무 이메일을 예로 제시한다.

제목: OOOO에서 콘텐츠 크리에이터 활동을 제안합니다.

안녕하세요. 크리에이터 님. 저는 OOOO의 크리에이터 섭외 담당자입니다.
저희는 대한민국 최고 지식 콘텐츠 포털을 운영하는 온라인 영상 콘텐츠 제작자 그룹입니다. 창사 10년을 맞이하는 우리 기업은 지금까지 시청자들에게 사랑받는 좋은 콘텐츠와 크리에이터를 발굴해 함께 더 큰 성장을 만들어가고 있습니다.
저희 OOOO는 크리에이터 님이 만드는 다양한 콘텐츠를 다각적으로 검토한 결과, 새롭고 유익하며 발전 가능성이 크다고 판단했습니다.
크리에이터 님이 제공하고 있는 콘텐츠는 새롭고 독특한 콘셉트와 시대를 앞서가는 푸드 영역을 개척했다는 점에서 매우 차별적이고 앞으로 새로운 광고시장을 개척할 수 있는 영역이며, 이에 따라 OOOO 크리에이터 활동을 제안 드립니다.
저희 OOOO 소속 콘텐츠 크리에이터가 되시면 다양한 혜택을 드립니다. 가장 먼저 최고의 크리에이터로 성장하도록 국내 최고 전문가들이 매니징합니다. 또한 다른 파트너와의 콜라보레이션, 제작 지원, 통계 및 분석, 채널 운영 컨설팅까지 한 번에 관리할 수 있는 OOOO만의 협업 지원 툴을 활용할 수 있습니다.

저희는 크리에이터님과 함께 성장할 수 있는 좋은 기회라고 생각합니다. 회사 안내와 공식 섭외 요청서 양식을 첨부하오니 아무쪼록 시간을 갖고 충분히 검토하신 후 회신해 주시기 바랍니다. 감사합니다.

OOOO 섭외 담당자 드림

둘째, 업무 이메일은 최대한 정중하게 표현하되, 반드시 전달해야 할 핵심 내용을 빠뜨려선 안 된다. 메일을 받는 사람이 생각하기에 충분히 존중받고 있다는 느낌이 들면서 동시에 이메일을 보낸 용건이 분명하게 나와 있도록 정리해야 한다. 섭외 메일 같은 경우, 어째서 당신을 섭외하는지 그 이유를 구체적으로 적는 것이 좋다.

셋째, 이메일의 기능 중 40~50명에게 동시에 보내는 기능이 있다. 이러한 기능을 쓸 때는 단체 수신자 메일로 보내지 않는 게 좋다. 단체로 발송한 수신자 이메일이 함께 보이면 스팸 메일이라는 느낌이 들어 받는 사람으로서 관심도가 떨어진다. 발송하기 전 '개별 발송으로 보내기' 기능을 선택하도록 하자. 이 외에 소수 인원일 경우에는 기본 용건을 정리해 두고 각각의 수신자와 간단한 인사를 다르게 표현해 보내는 것이 좋다.

홍보 카피나
사업 슬로건 작성법

이벤트나 일을 진행할 때 그 일을 효과적으로 설명할 수 있는 카피 문구나 슬로건을 제시하라는 지시를 받을 때가 있다. 카피나 슬로건은 기업이나 제품, 프로젝트 이미지를 대표하는 함축적인 문구로 대중이 해당 메시지를 오랫동안 기억하게끔 하는 '지속적이고 장기적인 표현'이다. 인상적인 내용으로 오래 기억에 남기는 것이 슬로건의 목적이다.

카피나 슬로건은 메시지 전달이 명쾌해야 한다. 머리에 쏙 들어오고 입에 착 달라붙어야 한다. 중독성이 있어야 하고 기억하기 쉬울수록 좋은 슬로건이 된다. 슬로건이 대체로 간결하고 심플한 이유가 여기에 있다.

좋은 카피나 슬로건 개발을 위해 고려할 사항은 다음과 같다. 첫째, 주제에 대한 이미지나 텍스트를 분석한다. 둘째, 전달할 메시지, 추구하는 이상, 특징, 장점, 차별점 등을 파악하고 핵심 키워드를 선택한다. 셋째, 대중에게 핵심 키워드를 심플한 메시지로 전달한다. 넷째, 같이 좋은 카피나 슬로건의 평가 기준을 알아두면 슬로건 개발에 도움이 된다.

1) 회사나 캠페인이 전달하고자 하는 메시지인가?

2) 캠페인 목적에 부합한 문제의식이 잘 드러나는 메시지인가?

3) 역할이나 생각, 행동의 권유나 방향성에 대한 분명한 메시지인가?

4) 표현의 참신성(슬로건의 운율이나 감각, 대칭 구조 등)이 잘 드러나는 메시지인가?

5) 기억하기 좋은(쉬운 단어, 간결하고 심플하고 누구나 메시지를 이해할 수 있는 내용) 메시지인가?

이를 바탕으로 슬로건 문구 작성은 다음과 같은 체크포인트를 고려해 제작하면 좋다.

1) 문구는 최대한 간결하고 짧아야 한다.

2) 문구에 라임이 있어야 기억하기 좋다.

3) 쉬운 단어를 위주로 사용하면 좋다.

4) 대칭적 구조를 활용하면 발음하기가 수월하다.

+ **30.** +

브랜드 네이밍
노하우

신규 사업이나 신상품에 새 이름을 찾는 일은 전 사원이 나설 때가 많다. 이름 짓기를 '브랜드 네이밍'이라고 한다. 사람 이름과 마찬가지로 사업명이나 상품명 역시 부르기 쉬워야 한다. 또한 특징과 메시지가 포함되어 있으며 신뢰감이 느껴지는 이름이 가장 좋다.

브랜드 네이밍은 생각보다 쉽지 않다. 짧은 명칭 속에 다양한 의미가 반영되어야 하기 때문이다. 이름을 지어야 할 때는 이미지 연상 키워드 찾기 방법을 추천한다. 예를 들어 '무공해 쌀과자'의 이름 짓기라면 '무공해' '쌀' '웰빙' '미米' '바삭' '미소' 등으로 연상되는 단어를 정리해 보는 것이다. 그리고 마인드맵을 그려 연상되는 키워드를 생각나는 대로 적으면 좋은 이름이 떠오를 수 있다. 브랜드 네임의 일반적인 평가 기준은 발음과 기억 용이성, 마케팅 적합성, 차별성, 활용성 등이다. 이 기준을 참고 삼아 점검하고 보완하면 된다.

다음 몇 가지 체크포인트를 활용하면 좀 더 쉽게 좋은 이름을 떠올릴 수 있다. 만약 브랜드 포지셔닝을 중점적으로 고려한다면 다음 세 가지를 고려하는 것도 나쁘지 않은 접근법이다.

1) 속성 중심: 상품의 물리적인 특징을 강조하는 네이밍
2) 편익 중심: 소비자에게 제공하는 편익, 맛, 신선함 등을 강조하는 네이밍
3) 신념과 가치 중심: 기업가치를 강조하는 네이밍

모든 기업이 목표로 하는 '좋은 브랜드 이미지'를 고객에게 심어주기 위한 브랜드 네이밍 역시 전략이 필요하다. 다음 네 가지를 고려해 보자.

1) 그 상품이 제공하는 편익이나 품질을 시사한다.

2) 발음하기 쉽고 쉽게 알아볼 수 있으며 기억하기 좋다.

3) 독특해서 다른 상표와 쉽게 구별이 된다.

4) 서브 브랜드 개발이 쉬워야 한다.

+ **31.** +

비즈니스 협상의 원칙과
협상력 높이는 법

직장에서 비즈니스 협상력을 발휘해야 할 경우가 있는데, 대개 두 가지 경우다. 하나는 '가격'을 협상할 때이고 다른 하나는 '추가 서비스'를 어느 정도까지 제공하느냐의 문제로 협상할 때다. 협상을 준비할 때는 이전 사례와 경험을 참고해 사전에 협상 허용범위를 정해두고 회의에 참여하는 것이 좋다.

가격 협상은 근거와 개별 단가 자료를 중심으로 진행하는 게 좋다. 가격 협상에서 상대가 지나치게 강하게 나오면 추가 서비스 제공으로 협상을 마무리한다. 추가 서비스 협상일 때는 어느 정도 유연성 있게 조정할 수 있다. 하지만 추가 서비스가 가격에 영향을 미치는 것은 가능한 한 피해야 한다.

직장인이 회사를 대표해 크고 작은 협상을 할 때는 실시간 회사 대표나 의사결정자의 확인을 받을 수 없다. 그러므로 가격 협상

회사에서는 안 가르쳐주는 업무 센스

이나 중요한 의사결정 사항인 경우, 항상 여지를 남겨두어야 한다. "최대한 이렇게 합의하는 것으로 하겠습니다. 회사에 돌아가 오늘의 협의 내용을 대표님에게 잘 말씀드리겠습니다"라는 말을 전하며 추후에 생길 수 있는 변동 가능성에 대한 여지를 남기는 게 좋다.

일잘러가 되기 위해 업무에 많이 활용하는 기본적인 '협상의 원칙'을 알아두면 좋다. 우선 협상의 기본 원칙은 무엇일까? 양측의 요구를 정확하게 이해하고 양측이 동의할 수 있는 목표를 찾아야 한다. 여기서 목표는 서로에게 이익이 되도록 한다. 한쪽이 지나치게 유리하거나 불리하면 협상 타결은 어렵다. 상호 협력적이며 이익을 얻을 수 있는 상황을 찾도록 노력해야 한다.

만약 서로의 입장이 대립적이라면 양자 이익 구도에서 벗어나 더 넓은 시각에서 전혀 다른 관점으로 합의점을 찾아낼 수 있다. 예를 들어 공적인 기준이나 환경 기준에 적합한 기준을 목표로 제시할 수 있다. 또한, 이해충돌이 발생할 때는 제3자의 개입이나 중재단, 자문단이 참여해 협상을 중재할 수 있다.

몇 가지 협상의 특징을 알아두자. 정보 수집 및 분석 단계에서는 상대방과 상황에 대한 충분한 정보를 수집한다. 이를 분석해 강점과 약점을 파악해야 한다. 그리고 감정보다는 명확한 근거 자료를 제시해 협상에 임하는 것이 유리하다. 보통 사람들은 다른 사람의 말에 설득당하는 걸 그리 좋아하지 않는다. 그래서 사람은 본능적으로 상대의 말에 의심부터 하고 본다. 이럴 때는 공식적인 문서로 된 자료, 법 조항, 약관과 내부 규칙, 근거 데이터를 활용하면 경계심을 낮출 수 있다.

이 외에 일잘러라면 알아야 할 협상력을 높이는 주요 협상 전략들의 체크포인트에 대해 알아두자.

주요 협상 전략	준비 체크 포인트
자료 및 정보 수집 분석	상대방과 처한 현실적, 주변 상황 등에 대한 자료를 충분히 수집하고, 필요한 정보 정리해 분석한다.
목표 및 전략 수립	우리가 바라는 것과 상대가 바라는 것에 대한 이해, 협상의 명확한 목표와 전략을 수립해 어떻게 움직일 것인지 계획한다.
강점과 약점 파악	우리의 강점을 강화하고, 상대방의 약점을 파악해 이를 활용할 수 있는 전략을 수립한다.
커뮤니케이션 계획	효과적인 의사소통을 위한 근거자료, 시각적인 자료, 계획표를 만들고, 필요한 정보를 명확하게 전달할 방법을 고려한다.
예상 시나리오별 대비 전략	불확실한 상황이나 예상 밖의 조건에 대비해 차악 상황, 최악 상황 등 시나리오별 대비 전략을 마련해 둔다.
감정 관리	협상 시 감정을 효과적으로 관리하고, 갈등이 발생했을 때도 냉정하게 대처할 수 있는 능력, 상황 관리 능력을 키운다.
법률 및 규정 숙지	개인의 감성이나 논리적 근거 이외에 조직 시스템의 매뉴얼, 협상에 관련된 법률과 규정, 약관, 내부 규칙, 의무 조항, ESG(환경, 사회적, 지배구조)에 대한 정확한 이해, 사전 전제조건과 기준, 합법적인 규제나 규칙 내에서 협상을 진행한다.

회사에서는 안 가르쳐주는 업무 센스

사장이나 대표와 권한 위임에 대한 충분한 협의	최고 의사결정권자와 사전에 예기치 못한 상황과 변수에 대처할 수 있는 선택지(협상 포기까지도 가능 여부 검토)를 마련해 둔다.

+ 32. +

위기 대응 매뉴얼
만드는 요령

누군가 내게 "회사 생활을 하면서 가장 잘한 일이 무엇인가요?"라고 묻는다면 나는 여러 조직 생활을 오랫동안 해오면서 항상 '위기 대응 매뉴얼'을 정리하고 활용해 왔다는 점을 이야기할 것이다. 회사에서 수많은 프로젝트를 동시다발적으로 기획하고 집행하다 보면 여러 돌발상황이나 치명적인 문제에 직면한다. 수많은 프로젝트 진행 경험을 바탕으로 위기를 예방할 수 있는 대응 매뉴얼을 미리 만들어 놓으면 각종 돌발요소나 문제에 효과적으로 대응할 수 있다.

위기 대응에 강한 일잘러에게는 반드시 '시나리오 사고'를 하면서 체계적으로 위기에 대응할 수 있는 게 매우 중요하다. 세계적인 컨설팅 기업 맥킨지McKinsey는 "미래에 대한 다양한 시나리오를 예측하고 고려해야 하며, 기업은 단일 미래 예측이 아닌 여러 가능성에 대비해 경영 전략을 수립하라"고 조언한다. 맥킨지의 시나리오 사고를 통해 우리는 다양한 시나리오에 대한 대응 전략을 개발하고 미래의 변화에 대비하며 적응력 있는 조직을 구성할 수 있다.

자신이 속한 조직이 급작스런 위기에 직면했을 때 원활히 수행되어야 할 업무를 중심으로 위기 대응 매뉴얼을 만들어보자. 조직이 체계적으로 위기를 완벽히 대응하고 예방하기 위해서는 다음과 같은 매뉴얼의 주요 구성 요소를 알아두면 좋다.

구성 요소	내용
위기 사전 예방 전략	- 프로젝트 시작 시, 가능한 모든 위험을 식별하고 평가해 각 위험 가능성과 영향을 파악한다. - 프로젝트 목표, 일정, 자원 등을 명확히 계획하고 팀원 간의 역할 분담과 기대치를 정립한다.
대응 관리팀 구성과 역할	- 특정 위기 상황에 대응할 수 있는 위기 관리팀을 구성하고 필요한 인원을 사전에 확보한다. - 팀들의 역할과 책임을 명확히 정의, 신속한 의사결정과 효과적인 대응 시스템을 마련한다.
커뮤니케이션 및 협업 계획	- 위기 상황 발생 시, 효과적인 커뮤니케이션 수단과 방법, 비상 연락망 등을 사전 구축해 둔다. - 팀 간의 효과적인 협업 도구를 도입하고 팀원들에게 협업 방법을 사전에 충분히 교육한다.
상황 보고와 점검 및 감시	- 프로젝트 진행 도중에 상황을 지속해서 점검, 보고할 수 있는 시스템을 마련한다. - 프로젝트 진행 상황의 주기적인 감사 및 점검을 통해 잠재적인 위험을 조기에 발견하고 이에 대응한다.

회사에서는 안 가르쳐주는 업무 센스

위기 대응 관리 교육 및 훈련	– 팀원들에게 위기 예방 및 위기 즉각 대응에 필요한 교육 프로그램 개발하고 주기적으로 교육한다. – 다양한 위기 상황별 시나리오에 대한 훈련을 통해 팀원들의 실전 대응 능력을 향상한다.
구체적인 위기 대응 계획 매뉴얼 문서화	– 발생 가능한 각 위기 상황에 대한 대응 매뉴얼을 작성하고 팀원들과 적극적으로 공유한다. – 과거 사고 사례, 위기 사례는 물론 예상 사고별 모든 대응 계획을 문서로 작업해 수시로 공유한다.
위기 예측 및 위기 요인 모니터링	– 예측 가능한 위기 요인을 모니터링하는 시스템을 구축하고 운영한다. – 조기에 위기를 감지할 수 있는 경보 시스템을 도입해 최대한 신속한 대응을 가능케 한다.
안전사고 예방 및 점검 매뉴얼	– 안전사고 업무는 전문가의 컨설팅과 지휘 아래 3중으로 교차 검사해 한 두 사람의 우연한 실수나 사각지대 현상으로 사고가 발생하지 않도록 시스템을 구축하고 정기 점검한다. – 안전사고 대비 보험관리, 피해보상과 약관 등의 매뉴얼을 명확히 해 이용자에게 공개한다.
위기관리 시스템의 평가 및 개선	– 시간이 지남에 따라 발생한 위기를 비교해 예방, 대응의 효과를 객관적으로 평가한다. – 위기 대응 매뉴얼 및 전략에서 나온 경험을 기반으로 개선 사항을 도출하고 반영한다.

기업의 다양한 위기 대응 매뉴얼은 향후 발생할 수 있는 다양한 돌출 요소나 문제에 대비해 발 빠르게 대처할 수 있도록 도와줄 것이다. 이러한 문제 사례 분석과 대응 매뉴얼은 지속해서 업데이트되어야 하며, 팀원들 간에 항상 공유되고 활용되어야 한다.

알아두면 좋은
고객 분석 방법

기업은 주된 활동으로 고객에게 제품이나 서비스를 판매한다. 따라서 일의 핵심은 제품과 서비스를 사용할 고객을 정확하게 파악하는 것에서 벗어나지 않는다. 그러나 막상 일하다 보면 '고객'의 중요성을 놓치기 쉽다. 왜냐하면 인간은 누구나 본능적으로 자기를 우선하는 사고를 하기 때문이다. 자기 일, 자기 상품, 자기 생각, 자기 아이디어, 자기 제안을 중심에 두게 된다. 그렇게 되면 고객은 자동으로 상수가 아닌 변수가 된다.

이 때문에 고객을 기본 상수로 두고 자기 일, 자기 상품, 자기 생각, 자기 아이디어, 자기 제안을 종속 변수로 재조정하는 절차가 꼭 필요하다. 즉 고객 입장에 서서 다시 생각하는 습관이 필요하다. 이때 필요한 능력이 고객 분석력이다.

고객 분석력이란 무엇인가? 어떤 고객이 어떤 '니즈Needs'와 '원츠Wants'가 있는지를 정확하게 아는 것이다. 니즈와 원츠는 언뜻 보면 비슷해 보이지만 엄연히 다르다. 니즈가 기초적이고 본능적인 욕망이라면, 원츠는 더 나은 것을 선택하려는 욕망이다. 가령 사람은 누구나 신발에 대한 니즈가 있지만, 고급 브랜드 신발에 대한 원츠도 있다. 삼시세끼 식사를 거르지 않고 싶다는 니즈도 있지만 때때로 고급 레스토랑에서 고급 음식을 먹고 싶은 원츠도 있다.

고객의 어떤 니즈와 원츠를 잘 파악하고 이에 꼭 필요한 상품이나 서비스를 제안하는 것이 결국 '고객 중심'의 비즈니스 활동이다. 그렇다면 어떻게 우리의 비즈니스와 일상 업무 속에서 쉽게 고객의 니즈와 원츠를 파악할 수 있을까? 다음 세 가지만 기억해 두자. 그러면 고객이 무수한 아이디어를 들려줄 것이다.

구분	내용
현장에서 고객에게 질문하고 경청하기	직접 고객과 소통하고 대화를 나누는 것이 중요하다. 문제점, 불편한 점, 불만 사항, 민원 등의 의견과 경험을 주의 깊게 듣는다. 그들의 이야기를 실시간으로 들으면 고객의 요구 사항과 욕구를 직접 파악할 수 있다.
고객 경험 관찰하기	고객이 제품이나 서비스를 이용하는 상황을 직접 관찰하거나 고객의 행동과 반응 조사, 사용자 인터페이스 및 경험 분석하는 것으로 고객의 니즈와 행동 양식을 더 명확하게 이해할 수 있도록 돕는다.
고객들의 선호도, 행동, 구매패턴 데이터 분석하기	고객의 구매 기록, 행동 패턴, 만족도 조사 결과 등을 데이터로 수집하고 분석한다. 데이터 분석을 활용해 특정 트렌드나 우선순위를 파악할 수 있다. 대규모의 데이터를 기반으로 통계적 패턴을 발견하고, 고객 그룹의 특성을 정확하게 분석할 수 있다.

참고로 사용자 데이터 분석과 고객 피드백 수집을 간편하게 할 수 있는 도구 세 가지(무료 혹은 유료)를 추가로 소개한다.

1) 구글 애널리틱스: 웹사이트 및 앱의 트래픽 및 사용자 행동을 모니터링하고 분석하는 도구다. 트래픽 소스, 이용자 행동, 전환율 등을 시각적으로 확인할 수 있다. 특정 캠페인 또는 페이지의 성과를 추적해 마케팅 ROI를 측정할 수 있다. 맞춤 보고서 및 대시보드를 생성해 필요한 데이터에 빠르게 접근할 수 있다.

2) 허브스팟: 인바운드 마케팅 및 고객 관계 관리를 위한 통합 플랫폼이다. 마케팅, 판매, 서비스 등을 효과적으로 관리할 수 있다. 마케팅 자동화를 통해 이메일 마케팅, 소셜 미디어 게시물 예약, 사용자의 웹사이트 경로를 추적하고 분석하는 프로세스 관리 등을 자동화할 수 있다. 이 플랫폼을 활용하면 판매 파이프라인 및 고객 관리를 간편하게 추적하고 분석할 수 있다.

3) 서베이몽키: 설문조사를 생성하고 수행해 고객 피드백을 수집하는 데 사용된다. 다양한 설문 형식을 제공해 다양한 목적에 맞게 활용할 수 있다. 고객 만족도 조사, 시장조사, 제품 개선을 위한 의견 수렴 등 다양한 용도로 활용할 수 있다.

+ 34. +

알아두면 좋은
온라인 마케팅 활용법

우리의 상품이나 서비스를 팔려면 먼저 고객들에게 알려야 한다.

이건 대기업이나 중소기업, 1인 기업도 예외 없는 가장 중요한 기업 활동이다. 대기업이라면 방송, 신문 등 다양한 미디어 광고를 할 수 있다. 하지만 대부분 기업은 최소의 비용으로 최대의 홍보마케팅 효과를 얻을 수밖에 없다.

신문방송 광고를 제외한 타깃 홍보 또는 온라인 홍보마케팅 활용이 대표적인 방법을 소개한다. 다음 내용은 내가 운영하는 회사에서 진행하는 주요 마케팅 카테고리들이다.

1) 포털검색창 광고, 관련 전문사이트
2) 오프라인(지하철, 대학, 옥외 포스터, 간선버스 광고, 리플릿, 현수막, DM)
3) 홍보판촉물(여름 부채, 겨울 손난로, 책갈피, 책받침, 배지, 경품, 먹거리 등)
4) 캐릭터 제안 및 활용 홍보
5) 웹툰, 카드 뉴스, 홍보물 제작
6) '바이럴마케팅'용 영상

이런 오프라인 홍보나 온라인 홍보의 장점은 매우 많다. 우선 주요 미디어 광고보다 상대적으로 비용이 적게 든다. 또 온라인 마케팅의 경우, 데이터 분석과 타깃팅 기능을 통해 효과적인 성과 측정이 가능하다. 조회 수, 방문자 수, 페이지뷰 등의 데이터 분석을 할 수 있을 뿐만 아니라 전략적으로 특정 데이터를 노출시키는 '고객 맞춤 추천 기능'도 활용할 수 있다.

다음은 요즘 많이 활용하고 있는 몇 가지 대표적인 저비용 마케팅 종류와 활용법에 관한 내용을 주제별로 정리한 내용이다. 다음 표를 참고해 고객과 직접 상호작용하는 온라인 마케팅 채널을 다양하게 조합해 활용해 보자.

구분	내용
소셜 미디어 마케팅	- 블로그, 온라인카페, 인스타, 유튜브 등 주요 소셜 미디어 플랫폼을 활용해 고객과의 상호작용을 촉진한다. - 적절한 콘텐츠를 제공하고 소셜 미디어 광고를 통해 타깃 그룹에 상품이나 서비스를 홍보할 수 있다.
콘텐츠 마케팅	- 블로그 포스트, 동영상, 인포그래픽, 온라인 미디어 등을 통해 유용한 정보를 제공한다.
이메일 마케팅	- 구독자들에게 맞춤형 콘텐츠를 전달하고 특별한 혜택이나 할인 정보를 제공해 고객을 유치한다. - 개인화된 이메일 캠페인을 통해 고객과의 관계를 강화하고 반복 구매를 유도할 수 있다.
인플루언서 마케팅	- 인플루언서의 영향력을 활용해 타깃 그룹에 더욱 집중된 마케팅홍보를 시행, 신뢰성을 구축할 수 있다.
온라인 광고	- SNS 광고를 등을 통해 타깃 그룹에 직접 광고한다. - 정확한 타깃층 설정과 효과적인 광고 캠페인을 통해 브랜드의 가시성을 높일 수 있다.
검색 엔진 키워드 최적화	- 웹사이트를 검색 엔진으로 최적화해 키워드의 노출률을 높인다. - 키워드 연구, 웹사이트 내부 최적화, 고품질 콘텐츠 제공을 통해 검색 결과에서 상위에 올라 상품이나 서비스 브랜드의 가시성을 증가시킬 수 있다.

회사에서는 안 가르쳐주는 업무 센스

+ 35. +
재무적 사고와
비용을 줄이는 법

예시로 두 직장인을 설정해 보았다. 두 직장인 중 기업은 누구를 선호할지 한번 생각해 보자.

1) K 직장인: 최고의 상품을 만들어 최고의 서비스로 고객에게 제공하며, 내가 하는 이 일에 자부심과 열정을 가지고 있다.

2) L 직장인: 최고의 상품을 만들어 최고의 서비스로 고객에게 제공하며 내가 하는 이 일에 자부심과 열정을 가지되, 효율적으로 자금을 투자하고 운영해 최고의 수익을 올릴 수 있도록 설계하는 '재무적 사고'를 함께 가지고 있다.

기업은 당연히 L 직장인을 선호할 것이다. 기업이 지속적으로 성장하기 위해서는 K 직장인의 마인드로는 부족하고, L 직장인의 자세가 필요하기 때문이다. 관리부나 총무, 회계 담당이 아니라면 재무적인 고민은 할 필요가 없을까? 일잘러가 되기 위해서는 매 순간 '재무적 사고'를 해야 한다. 모든 기업 활동은 결국 '돈'과 연결되어 있다. 기업은 돈을 벌기 위해 존재한다. 일을 잘한다는 건 비용을 최소화하고 이익을 극대화한다는 것이다.

일반 직장인이라면 기업의 '재무 흐름도'까지 파악할 필요는 없다. 하지만 회사에선 신입사원부터 사장에 이르기까지 누구나 '재무적 사고'를 할 수 있어야 한다. 재무적 사고를 갖춘 일잘러라면 어떤 일을 진행할 때 그 일을 집행할 투자비, 예비비, 관리운영비 등에 대비 수익률을 분석해 예상 손익계산서를 제시할 것이다. 또한 프로젝트를 기획할 때 역시 월별로 매출, 매입, 물류비, 노무비 등과 같이 설정한 계정에 따라 분류해 정리한 후 영업이익을 확인할 수 있는 예상 표를 제시할 것이다. 기업 입장에서 이런 인재를 좋아하지 않을 리 없다.

어떤 일을 수행할 때 '재무적 사고'를 해보자. 일을 추진할 때, 프로젝트를 기획할 때, 업무 추진비를 청구할 때 등 매 순간 재무적 사고의 흔적을 남기자. 그건 회사에 대한 주인의식이 있다는 걸 알리는 기회가 될 수 있다.

주인의식이 강한 직장인이 일잘러가 되는 것은 너무나 당연하다. 일잘러는 꼭 필요한 데는 적극적으로 자금을 투자하고 불필요한 비용은 과감하게 줄일 줄 안다. 기업에 입사하면 규모에 상관없이 의외로 사소한 비용을 아끼는 다양한 비용 절감 활동을 활발하게 하고 있다는 사실을 알게 된다.

만약 사소한 비용까지 절감 활동을 열심히 하는 조직에 속해 있다면 '짠돌이 기업'이라고 투덜거리지 말고 최대한 그 방향에 동참하는 게 좋다.

일일 · 주간 업무계획서 작성법

회사에 들어가면 사원은 일일·주간 업무계획서를 필수적으로 작성해야 할 수도 있다. 일일 업무계획서에는 오늘 업무 진행 상황을 기록하고 내일 업무계획을 정리하는 내용을 적는다. 주간 업무계획서에는 금요일에 한 주 업무 진행 상황을 기록하고 다음 주 업무계획을 정리하는 내용을 적는다.

개인의 목표 설정과 점검을 위해 작성하기도 하지만 부서장의 확인을 의무적으로 받기 위해 작성하는 경우도 있다. 업무계획서는 회사 양식에 따라 문서로 정리하거나 온라인상에 입력하기도 한다. 회사 직무 특성에 맞는 항목으로 구성한 업무계획표는 사내 통신망을 통해 공유되기도 한다.

업무계획서는 말 그대로 하루 단위, 주간 단위로 직장에서 자신이 하는 일의 목표, 계획, 진행 상황, 다음에 할 일을 정리하는 문서다. 공부해야 할 과목과 분량을 정리해 두는 '학생의 생활계획표'처럼 직무 목표를 정하고 진행하는 직무계획표이며, 회사 대표나 부서의 장에게는 사원들의 각자 업무 상황을 서로에게 공유하는 도구가 된다.

회사에 입사했는데 일일 · 주간 업무계획서 양식이 있다면 양식을 따르면 된다. 그런데 만약 일일 · 주간 업무계획서를 작성하지 않아도 되는 회사거나 특별한 양식이 없는 회사라면 자기만의 업무계획서를 만들어 활용해 보길 권한다.

당연히 일잘러는 일일·주간 업무계획서를 잘 활용할 줄 안다. 다음은 일일 업무계획서와 주간 업무계획서 기본 항목과 작성법이다. 자기 직무에 맞는 항목으로 추가 및 삭제해 자신만의 업무계획서를 만들어 활용해 보자.

주요 항목	일일 업무계획서 작성법
목표 설정	- 하루 동안 달성하고자 하는 목표를 명확하게 설정한다. - 우선순위가 높은 목표를 우선 설정한다.
수행 계획	- 하루 동안 수행할 세부 업무과제를 나열한다. - 각 작업에 대한 예상 소요 시간을 고려한다.
우선 과제	- 중요한 과제를 강조하고, 주요 점검 사항을 정리한다. - 급한 것보다 중요한 것에 먼저 집중한다.
시간 관리	- 각 업무 수행에 드는 예상 시간을 고려해 일정을 계획한다. - 중요한 과제에 시간을 우선 배분하고 전체 업무를 고려해 시간을 효율적으로 활용하도록 노력한다.
평가와 리뷰	- 중간 진행 상황을 확인하고 조절한다. - 계획에 따라 진행되지 않을 경우, 계획을 조정한다.
다음 날 주요 계획	- 달성한 목표와 진행 상황을 검토하고 다음 날 주요 과제를 정리한다.

회사에서는 안 가르쳐주는 업무 센스

주요 항목	주간 업무계획서 작성법
주간 목표 설정	- 주간 동안 달성하고자 하는 목표를 명확하게 설정한다. - 주요 프로젝트나 장기적인 목표를 고려한다.
주간 수행 계획	- 주간 일정을 작성하고, 중요한 회의, 일정, 마감일 등을 고려해 할 일을 분배한다.
우선 과제	- 주간 내내 처리해야 할 중요한 작업과 급한 일을 강조하고, 우선순위를 정한다.
자원 배분	- 팀원이나 자원을 효과적으로 할당해 작업을 분담하고 협업을 강화한다.
평가와 리뷰	- 주간 동안의 성과를 평가하고, 예상치 못한 일정 변경에 대비해 유연성을 유지하고, 필요에 따라 계획을 조절한다.
다음 주 주요 계획	- 달성한 목표와 진행 상황을 검토하고 다음 한주 주요 과제를 정리한다.

업무계획서 작성은 업무 목표를 명확하게 해줌으로써 일의 우선순위를 정하고, 중요도 높은 일에 대해 집중하도록 유도할 수 있다. 또한 내일 할 일을 계획해 놓치는 실수를 줄여 업무 효율성을 향상할 수 있다.

업무계획서를 정리하면 각 작업의 예상 소요 시간을 고려해 자원과 시간을 효과적으로 관리하는 데도 도움이 된다. 특히 일의 진행 상황을 확인해 예상 문제점을 조기에 발견하고 주기적인 리뷰를 통해 업무 프로세스를 개선할 수 있다.

+ 37. +
업무 오답 노트
작성법

사람은 누구나 실수를 할 수 있다. 그런데 같은 실수를 계속 반복한다면 동료와 상사로부터 좋은 평가를 받지 못할 수 있다. 일을 잘하기 위한 첫 번째 대원칙은 실수를 줄이는 것이다. 한 번은 몰라도 여러 번 반복하는 건 반드시 피해야 한다. 그러려면 실수를 줄일 구체적인 도구가 필요하다. 실수를 두 번 다시 안 할 수 있는 도구가 바로 '오답 노트 작성'이다.

나 역시 20여 년간 나만의 업무 오답 노트를 작성한 경험이 있다. 오답 노트는 한 분야의 전문가로 성장하는 데 큰 도움이 된다. 그렇다고 업무 오답 노트 작성법에 무슨 특별한 양식이나 비법이 있는 건 아니다. 업무 실수를 반복하지 않기 위해 그 실수 내용을 내가 언제든 즉시 확인할 수 있도록 노트나 컴퓨터에 문서로 남겨 정리해 주면 된다.

오답 노트의 내용은 실수한 내용, 그 실수가 일어난 원인, 처리 및 해결 방식, 교훈을 다음과 같은 간단한 표로 정리하고 새로운 내용을 아래에 계속 추가해 가면 된다.

다음 표는 내가 과거에 실수했던 내용을 오답 노트 형식으로 정리한 예시다.

업무 실수 내용	원인	처리 및 해결 방식	교훈
○○프로젝트 입찰 출품자가 모집 기간 연장에 대한 공식 항의(2024. 2. 6. ○○디자인 회사)	요강 유의 사항에 입찰 제안 업체 수가 현저히 부족할 경우 모집 기간 연장 재공고 가능성을 명시하지 않음	모집 기간 연기에 대한 부득이한 상황과 사정을 설명하고 선제안자에게 5% 가산점 특전을 주는 것으로 협의해 재공고	요강 유의 사항 구성 시 모집 기간 연장 문제 검토할 것

　나는 신입사원들을 교육할 때 '신입사원 오답 노트 연구발표회' 프로그램을 설계해 진행했다. 발표회에선 신입사원들에게 위 오답 노트 전체 내용을 제공한다. 노트를 받은 신입사원은 선배들이 경험한 현장 프로젝트 기획집행 업무 실수를 학습하고 분석한 후, 자기의 생각과 교훈을 덧붙여 발표해야 한다. 이 기회를 통해 신입사원은 20년의 업무 노하우를 단숨에 터득할 수 있다. 발표회를 마치면 신입사원은 프로젝트 기획집행 업무에 준전문가가 될 수 있다. 나는 '오답 노트 연구발표회'를 거친 신입사원들이 즉시 프로젝트 집행 현장에 투입해도 상사들과 손발을 잘 맞출 수 있고 주도적으로 일할 수 있다는 사실을 알아냈다. 신입사원들의 회사 생활 6개월 동안의 업무 적응도는 오답 노트 연구발표회를 하기 전보다 무려 20~30배 차이가 났다.

　자신만의 업무 오답 노트를 만들어 보자. 오답 노트에 데이터가 쌓일수록 그 분야의 일잘러가 될 것이다.

+ 38. +
일할 때 실수를 줄이는
체크리스트 활용법

회사에서 일할 때 당연히 실수하지 않는 게 좋다. 그러나 인간은 신이 아니니 누구나 실수할 수 있다. 사람이 실수하는 원인은 다양하다. 그중 가장 결정적인 원인은 사람은 자신이 '눈으로 본 것'을 판단 기준으로 해서 사고한다는 점이다. 이 때문에 겉으로 보이는 혹은 시각적으로 잘 포착되는 일부 데이터만 가지고 즉각 결정하기 쉽다. 당연히 인간의 뇌가 내리는 의사결정에는 수많은 오류 가능성을 포함한다. 일할 때 중복, 누락, 착오가 따라붙는 이유가 바로 여기에 있다.

인지심리학 교수 조던 피터슨은 이런 인간 사고의 오류 작동 방식을 하나의 '방'에 비유해 다음과 같이 설명한다. "처음 들어간 방에 물건들을 둘러보자. 그리고 눈을 감고 방안에 물건을 하나씩 떠올려 보라. 이 방에는 많은 물건과 위치, 색깔 등 정보가 있다. 하지만 방에 들어와 뇌가 그것을 인식하기 시작할 때 우리는 자신의 목적과 직접 관계가 있는 정보에만 관심을 둘 뿐이다. 우리가 미처 모르는 것들 그리고 어떻게 행동해야 할지 모르는 미지의 영역이 어디에나 존재한다." 조던 교수의 말에 따르면 있는 인간은 그대로의 '전체의 정보'가 아니라 자신에게 필요한 '부분의 정보' 위주로 인지한다는 의미다.

사실 이 같은 인지 메커니즘은 지극히 합리적이다. 뇌는 매 순간 엄청난 양의 정보와 접촉한다. 쏟아져 들어오는 정보를 모두 다 받아들일 경우 뇌는 금세 지치고 심지어 밀려드는 정보량에 미칠지도 모른다.

『통찰의 기술』의 저자 신병철 박사 역시 "본래 사람은 외부 정보를 대할 때 공정치 못하고 한쪽으로 치우치게 되어 있다. 모든 정보를 똑같이 처리하지 않고, 어떤 정보에 더 많은 주의를 기울이고 어떤 정보에는 아예 눈길조차 주지 않는 경향이 크다. 이것을 보통 선택적 정보 처리"라고 설명하고 있다.

조던 피터슨 교수나 신병철 박사의 설명에 따르면 결국 인간은 자신의 목적과 직접 관계있는 일부 정보 위주로 신속하게 받아들이고 처리하도록 설정된 이른바 '뇌의 초기 설정값' 때문에 일할 때도 무수한 실수를 반복하게 된다는 것이다. 그렇다면 일할 때 중복, 누락, 착오를 없애는 효과적인 방법은 없을까? 실수를 줄일 도구를 사용해야 한다. '업무 체크리스트'를 예시로 들 수 있다.

알다시피 업무 체크리스트란 어떤 일을 구성하는 필수 요소를 항목별로 정리해 관리 점검하는 표다. 체크리스트를 활용하면 좋은 이유는 우리 인간 뇌의 기억, 인식 한계, 고정관념, 누락 등의 문제를 손쉽게 해결할 수 있기 때문이다. 다음과 같은 체크리스트를 참조해 중요한 업무를 시작할 때 활용해 보자.

1) 접수관리, 사이트 커뮤니케이션, 전화상담은 구축했는가?

2) 모바일 다이렉트 접수시스템은 구축했는가?

3) 마감 관리, 작품분류관리, 저작권관리 시스템은 구축했는가?

4) 작품모집 안전관리, 안내 가이드, 상담 코너는 완성되었는가?

5) 작품집계 및 통계는 실시간 이루어질 수 있는가?

6) 스케줄 관리, 문제 예방 사전 관리는 충분한가?

7) 작품보관 및 본사 이동관리 방안은 점검했는가?

체크리스트 활용법은 매우 간단하다. 우리 뇌의 '초기 설정값'에서 벗어나 그 업무, 그 일, 그 과제의 준비 사항과 점검 요소를 항목별로 정리해 '체크리스트'를 만들면 된다. '시간별 진행 과정 분류' '우선순위 분류' '담당자별 분류' 등 중요한 기준을 설정한 후 항목을 분류해 확인하면 중복, 누락, 착오를 최대한 줄일 수 있다.

✦ 39. ✦
전문가 찾기가
중요한 이유

내가 하면 종일 걸리지만, 전문가의 조언 한마디면 딱 1분 만에 해

회사에서는 안 가르쳐주는 업무 센스

결되는 일이 많다. 반대로 누군가 10시간 걸릴 일을 내가 하면 1시간 만에 끝낼 수도 있다. 따라서 전부 다 내가 해결하려고 들기보다는 상황에 따라 분야의 전문가를 찾아 도움을 청하는 것이 일잘러의 방식이다.

일간지 기자로 있는 한 대학 선배에게 '설명(도움말)'을 해 줄 전문가를 급히 찾는다는 전화를 받았다. "그쪽 분야라면 A 교수가 가장 전문가이고 요즘 활발하게 활동하고 있어요"라고 친절히 답해주었다. 전문가를 즉각 찾아내 조언을 구할 수 있는 사람이 바로 기자다. 기자란 다양한 분야의 글을 쓸 수 있는 '만물박사'가 아니라 이 분야의 전문가를 가장 빨리 찾아내 조언을 얻고 논평을 받아낼 수 있는 능력의 소유자다. 어느 날은 학생으로부터 이메일을 받았다.

"안녕하세요. 갑작스럽게 메일을 보내게 되어 많이 놀라지는 않으셨는지 모르겠네요. 제 소개를 먼저 하자면 저는 공모전에 관심이 많은 대학생입니다.
다름이 아니라 현재 공모전을 준비하면서 약간의 조언을 구하고자 합니다. 저는 마케팅이나, 프로모션 쪽의 공모전에 관심이 있고 또 현재 공모전을 준비하고 있습니다.
이번에 공모전을 처음으로 준비하고 있고, 열심히 하고 있지만 특별한 로드맵을 갖추고 있지 않아서 길을 잡는 데 약간의 어려움을 겪고 있습니다. 마케팅 공모전을 어떻게 하는 것이 효과적이고 효율을 극대화할 수 있는지에 대해 조금이라도 이야기해 주신다면 감사하겠습니다.

많은 학생이 저같이 메일을 보내어 한 사람 한 사람에게 신경을 쓰실 겨를이 없을지도 모르겠습니다. 그래도 끝까지 메일을 읽어 주셔서 감사드리며 이만 글을 줄이겠습니다. 감사합니다."

나는 그를 전문가를 찾아내 조언을 구하는 엄청난 무기를 가진 사람이라고 생각한다. 그는 일면식도 없는 나에게 이메일을 쓰기까지 필요한 적지 않은 용기를 가지고 있었고, 자신의 문제를 가장 빠르고 명쾌하게 해결할 전문가인 '나'를 찾았다. 여기서 중요한 점은 내가 자신의 문제를 가장 빨리 확실히 해결해 주리라는 점을 알고 있었다는 것이다.

일잘러가 되기 위해서는 치밀하게 일을 진행하고 설득을 잘하고, 업무에 관련된 정보를 많이 아는 것도 중요하다. 하지만 그 이전에 자신이 맡은 일에 도움을 줄 전문가를 찾아내는 능력이 정말 중요하다는 점을 말하고 싶다.

하버드대학교 대니얼 웨그너Daniel Wegner 교수의 '분산 기억 이론' Transactive Memory이란 게 있다. 대니웰 웨그너 교수의 분산 기억 이론의 핵심은 조직 전체가 무엇을 기억하는지가 중요한 게 아니라, 조직의 구성원들이 서로 '누가 무엇을 알고 있는지'를 아는 것이 중요하다는 내용이다. 다시 말해 지금은 노하우know-how 보다 노웨어 know-where 시대라는 뜻이다.

길이 막히면 그 길을 가장 잘 뚫어줄 전문가를 찾아보자. 세상엔 어떤 어려운 문제라도 해결할 놀라운 능력을 지닌 전문가가 반드시 있다.

3장

커뮤니케이션 기술
기술

- 업무 효율성을 높이는 방법

개인의 업무 완성도, 팀의 프로젝트 결과물 수준, 회사의 순이익 증감률 모두 '소통'이 어느 정도로 이루어지느냐에 따라 다르다. 중소기업이든 대기업이든 직원 간 소통이 불가한 기업은 최고의 결과물을 만들어낼 수 없다. 일이 막힐 때 후배가 선배에게 정확하게 질문하는 방법을 아는 것도 중요하지만 선배가 후배에게 정확히 일을 지시하는 것 역시 중요하다. '이해도의 차이 극복법' '핵심 내용을 전하는 보고 및 미팅 방법' '일잘러가 될 수 있는 멘토링 시스템 활용법' 등 소통을 효율적으로 진행하기 위한 다양한 기술들이 있다. 이번 3장에서 전하는 소통 기술들을 익혀 직장 내에서 윤활제 역할이 될 수 있는 일잘러가 되어보자.

의사결정자들의 심리와
상사에게 인정받는 비결

"우리 상사는 불안증 환자가 아닐까?" 직장생활을 하다 보면 이런 생각이 들 때가 있다. 조직에는 '보고'에 민감한 상사들이 의외로 많다. 높은 자리에 있는 사람 중에는 아침, 저녁 보고는 물론 메신저 보고, 대면보고, 서류 보고에 업무 상황판까지 설치하고도 만족하지 못하는 이도 있다.

왜 그들은 불안증 환자가 되었을까? 멋진 직장생활을 펼쳐나가려면 의사결정자의 마음을 이해해 볼 필요도 있다. 우리 신체를 예로 들어보자. 지금 즉시 눈을 감고 10미터 정도만 걸어보면 걷는 게 생각처럼 쉽지 않을 것이다. 방 안이든 운동장이든 머리로는 걸음을 위협하는 요소가 없다는 사실을 이해하고 있지만, 시각 정보가 차단되는 순간 공포심이 밀려온다. 다섯 걸음은 갈 수 있어도 그 이상 되면 점점 더 큰 공포가 몰려와 걸음을 멈추게 된다.

우리 신체는 손발을 비롯해 오감을 총동원해 정보를 받아들인다. 뇌는 이 정보를 통합해 의식 활동을 한 후 판단을 내린다. 그런데 손발의 정보가 실시간으로 오지 않으면 어떨까? 뇌는 즉각 판단을 멈추어야 한다.

우리가 불안해하고 몸을 계속 움직이는 이유가 여기에 있다. 그리고 이를 회사에 적용한다면 뇌가 회사의 상사이고 손발과 오감이 현장에서 일하는 직원이라고 볼 수 있다. 즉 상사(의사결정자)는 직원들이 있는 현장 정보에 촉각을 곤두세울 수밖에 없다.

의사결정자는 현장에 있는 시간이 짧다. 따라서 습득할 수 있는 정보가 부족해 자연스레 자신이 불완전한 정보를 기반으로 결정할 수 있다고 생각하게 된다. 비즈니스 환경은 빠른 의사결정을 요하기 때문에 필요한 정보가 의사결정자에게 전달되지 않을 수 있다는 사실은 불안을 유발한다.

따라서 의사결정자는 현장의 정보를 더 효과적으로 수집하고 활용할 수 있는 방안에 관심이 많다. 이런 관심이 양적 측면에 지나치게 집중되면 회사가 일 자체보다 '보고 중심' 조직문화로 변질될 우려도 생긴다.

그럼에도 직원이나 현장 직원들은 상사의 불안감을 충분히 이해하고 인지하는 것이 좋다. 그리고 전체 과정과 주요 변수, 진행 중인 업무, 예상하는 사건을 적극적으로 상사와 공유할 필요가 있다. 이런 식으로 직원이 상사의 불안증을 해결해 준다면 의사결정

회사에서는 안 가르쳐주는 업무 센스

자는 직원의 업무 능력에 신뢰를 느낄 것이다.

상사에게 인정받는 비결도 여기에 있다. 모든 의사결정자는 어느 정도 불안증이 있다고 생각해야 한다. 이 외에도 상사는 주요 의사결정을 자신이 직접 내리고 싶어 한다는 사실도 기억해야 한다. 그래야 최종 성과가 상사 자신의 것이 되기 때문이다. 상사 역시 현재 조직에서 성공하고 싶고, 더 좋은 부서로 이동하거나 다른 상위 그룹 회사로 이직하기를 꿈꾼다. 만약에 상사가 많은 성과를 만들어 다른 회사의 책임자가 된다면 함께 데리고 가고 싶은 후배 직원이 있을 것이다. 이때 누굴 데려가고 싶을까? 바로 업무 소통 과정이나 결과물로 상사를 돋보이게 하는 직원이다. 이런 센스를 발휘하는 후배가 있다면 누구라도 어디든 데리고 가서 함께 일하고 싶을 것이다.

+ 41. +

보고의 원칙에 대한 모든 것

상사에게 어떻게 보고할까? 잘 보고하는 요령이 따로 있을까? 우리는 보고하는 방법을 배운 적이 없다. 하지만 당연히 보고에도 원칙은 있다. 우선 보고하는 법을 설명하기 전에 '왜 조직에서 보고가 중요한지'를 이해해야 한다. 이번에도 신체로 비유해 보겠다. '동맥경화'라는 병이 있다. 혈관이 좁아지거나 막히는 것인데, 혈관이 막히면 더 무서운 병이 찾아오거나 심하면 사망할 수도 있다. 피가 잘 통하는 것은 건강한 몸을 유지하기 위한 기본 전제조건이다. 조직에서 정보가 잘 흐르는 것도 그렇다. 조직에서 정보가 잘 흐르게 하는 기본 수단이 '보고'다.

보고란 한마디로 '최상의 의사결정을 위한 정보 공유'다. 보고 자체는 정보를 공유하는 것으로, 비교적 쉬운 업무다. 하지만 조직문화와 때와 장소, 상황, 사람에 따라 변화무쌍하게 움직이는 마치 살아 있는 생명체와 같다.

실제로 조직문화에 따라 보고 양식이 달라지고, 보고의 양질이나 스킬까지 차이가 날 수 있다. 보고의 형태는 단순히 정보를 제공하는 것에서부터 기획서나 제안서, 건의서를 제출하는 것까지 종류도 다양하다. 보고는 보고자와 보고를 받는 자의 개성과 선호에 따라 달라질 수 있다.

보고는 단순히 보고로만 끝나지 않고 실적이나 업무평가 자료로 활용된다. 즉 '인사고과'에도 큰 영향을 미친다. 다시 말해 조직은 열심히 일을 하고도 티 안 나는 직장인보다 할 일만 해도 티 나는 직장인이 인정받을 수 있는 곳이다. 그리고 티 내는 직장인이 되는 데 매우 효과적인 방법이 바로 보고다.

그러니 보고를 잘하는 능력은 일잘러가 되기 위한 필수 조건이다. 회사 생활을 할 때 기본적인 보고의 원칙을 알아두어야 하는 이유가 여기에 있다.

회사에서는 안 가르쳐주는 업무 센스

남충희 마젤란 인베스트먼트 회장은 『보고의 원칙』에서 "보고하기 전 깊고 폭넓게 그리고 멀리 상황에 맞게 판단하라"라고 조언하며, 보고를 잘하는 직원이 되기 위해 반드시 기억해야 할 보고 원칙을 소개한다. 나는 이 보고 원칙을 정리해 나름대로 다음과 같은 체크포인트를 직접 만들어 사용하고 있다. 보고할 내용, 보고 방식, 시간, 상황, 사람을 고려해 이를 활용하면 큰 도움이 될 것이다.

구분	내용
고객 지향의 원칙	- 보고 받는 상대(상사, 고객)의 관심사에 주목하라. - 상대의 머릿속에 남길 요점, 핵심 메시지를 고려하라. - 상대는 다르다. 안목, 능력, 사정, 형편, 타이밍(최악 가정), 배경 등 차이가 있기에 상대 처지를 고려해 보고하라. - 상대가 최대한 빠르고 편리하게 이해할 수 있게 보고하라.
구조적 사고의 원칙	- 보고 내용을 단순히 정보 전달이 아니라 입체적 사건으로 생각하라. - 보고서의 메시지나 내용을 조직화하는 단계(분류, 통합, 인과, 공통점)를 정리하라. - 업무 내용을 중요도, 우선순위로 정리하고 조직화해 보라.
두괄식 표현의 원칙	- 보고할 내용 중 핵심 또는 결론을 먼저 말하라. - 짧고, 간단하고, 단순한 보고를 진행하라. - 업무 과정에서 중요한 변화, 돌발변수, 다른 것에 영향을 끼치는 요소를 빠르게 보고하라.
미래 지향성의 원칙	- 보고할 때 문제 사안에 대한 대안까지 넣어라. - 전개되는 사건의 추세를 공유하라. - 필요한 경우 단계별 기획, 변화 전망, 조정 가능성을 고려하라. - 개선할 요소, 배울 점을 공유하라.

건의형의 원칙	- "건의 사항이 있습니다." "A 안과 B 안 중 A 안이 이런 근거로 좀 더 나아 보입니다." 식의 보고를 지향해라. - 자율성과 창의성이 넘치는 건강한 조직문화에서 건의형 보고 를 하라. - 처벌의 두려움, 비판의 공포를 줄여라.
적극성의 원칙	- 상사의 말과 몸짓을 모두 '지시'로 여겨라. - 보고를 위해 언제 어디서건 어떻게든 적극적인 사람이 되어라. - 긴급 상황, 변화 상황, 중요한 진행 과정에서 혼자 문제를 끌어 안고 있다가 보고를 늦지 말아라.

한편, 보고 능력이나 보고 수준은 개인의 능력뿐 아니라 회사의 보고 시스템이나 환경에도 많은 영향을 받는다. 조직 내에 정보를 잘 유통하기 위해 효율적인 커뮤니케이션 시스템, 신속한 정보 전달 체계 플랫폼을 활용하면 개인 간 소통 부재나 현장 정보의 동맥경화 문제를 해결할 수 있을 것이다.

+ **42.** +

역할 분담과
커뮤니케이션 노하우

회사 일은 대부분 규모가 크다 보니 대개 업무 단위로 쪼개서 수행한다. 업무 담당자들이 역할을 분담해 하나의 프로젝트를 진행하는 식이다. 그러다 보니 전체 업무를 파악하고 주요 업무별로 빠짐

없이 역할을 나누는 절차가 프로젝트 성패를 좌우한다. 역할을 잘 못 나누거나 분담이 잘 이루어지지 않으면 프로젝트 전체가 무너지기 쉽다.

따라서 일을 추진할 때는 역할 분담과 명확한 책임 정리가 필요하다. IT 전문 기업이 어떤 프로젝트를 진행한다고 가정해 보겠다. 프로젝트를 진행하기 위해서는 다음과 같은 역할 분담이 이루어질 수 있다.

1) 프로젝트 총괄 매니저: 프로젝트의 계획, 조정 및 통제를 담당하고 일정, 예산, 자원 등의 관리를 수행하며 프로젝트 목표 달성을 위해 지속적인 모니터링을 한다. 또한 팀원 간 소통을 원활하게 하고, 문제 발생 시 조율과 해결을 진행한다.

2) 비즈니스 분석 기획자: 비즈니스와 관련된 요구 사항을 수집, 분석하고 이를 프로젝트 목표에 맞게 정의한다. 분석한 데이터를 바탕으로 비즈니스의 최적화 방안과 IT 기술자 및 디자이너 간의 의사소통을 중재한다.

3) 개발자: 소프트웨어나 시스템의 구현을 담당한다. 코딩, 테스트, 디버깅을 수행하며 코드 품질과 프로젝트 일정을 준수한다.

4) 디자이너: 사용자 경험 및 사용자 인터페이스 디자인을 담당한다. 시각적 디자인과 사용자 편의성을 고려해 솔루션을 디자인한다.

5) 품질 담당자: 소프트웨어나 제품의 품질을 확인하고 검증하는 임무를 수행한다. 구체적인 테스트 계획을 수립하고 테스트 케이스를 작

성한다. 제품의 안정성과 성능을 평가하고 개선 방안을 제시한다.

6) 운영 및 유지 담당자: 프로젝트가 운영 단계로 이행되면 시스템의 안정적인 운영과 유지를 담당한다.

7) 고객 지원 담당자: 제품이나 서비스 출시 이후 고객들의 문의와 요청에 대응한다. 수시로 발생하는 문제를 해결하고, 피드백 수렴을 통해 제품 또는 서비스의 품질을 향상시킨다.

8) 보안 담당자: 시스템 및 소프트웨어의 보안을 유지한다. 이 외에도 보안 정책 수립, 취약점 평가, 보안 이벤트 모니터링 등을 수행해 기업 자산을 보호한다.

이처럼 역할 분담에 따른 다양한 책임자들의 노력으로 하나의 프로젝트가 완성되는 것이다. 당연히 일 전체 프로세스와 각 역할 분담 업무가 조화를 이루어야 한다.

그렇다면 일 전체와 각 업무를 조화롭게 구조화하려면 어떻게 해야 할까? 먼저 프로젝트 전체 흐름을 파악할 수 있는 통찰 능력이 필요하다. 이 통찰 능력을 바탕으로 진행되고 있는 프로젝트가 지향하는 목표를 이해하고 전체 흐름에서 내 업무가 어떤 역할을 하는지 명확하게 알고 있어야 한다. 각자의 업무가 전체로 조화를 이룰 때 일 전체의 성공, 프로젝트의 성취로 나타날 것이다. 다음은 각자의 업무가 전체로 조화를 이루기 위해 이루어져야 할 핵심 요소를 정리한 내용이다.

구분	내용
프로젝트 목표와 전체 프로세스 과정 (역할 분담 및 일정) 공유	- 모든 팀원이 공통의 목표를 이해하고 공유함으로 써 팀 전체의 통일된 노력을 유도한다. - 팀 간의 원활한 커뮤니케이션은 프로젝트의 성공을 증진하고 문제 발생 시 신속하게 대응할 수 있도록 도와준다.
프로젝트 관리 도구 활용	- 프로젝트 관리 도구를 활용해 업무 할당, 일정 관 리, 작업 상태 등을 투명하게 공유한다. - 이슈 트래킹, 문서 공유 등을 위한 툴을 통해 팀원 간에 실시간 협업이 가능하게 한다.
정기적인 회의 및 진행 상황 업데이트	- 팀원들 간에 주기적으로 회의를 개최해 진행 상황, 도전 과제, 성과 등을 공유한다. - 주간 회의, 스크럼 미팅, 리뷰 세션 등을 통해 팀원 들은 프로젝트의 현황을 파악하고 다양한 의견을 나눌 수 있도록 한다.
의사소통 채널 다양화	- 이메일, 채팅 앱, 프로젝트 관리 도구의 댓글 등 다 양한 의사소통 채널을 활용해 빠르고 효과적인 소 통을 지원한다. - 긴급한 문제나 업데이트 사항은 신속하게 전달되 어 팀원들이 적절히 대응할 수 있도록 한다.
명확한 의사전달과 피드백 문화 구축	- 명확한 용어와 수치를 사용하며 프로젝트 목표, 우 선순위, 변경 사항 등을 명확히 전달해 혼란을 방지 한다. - 팀원들 간에 열린 피드백 문화를 유도해 의견을 나 누고 개선점을 도출한다.
주요 의사결정 문서화와 지식 공유	- 프로젝트의 핵심 정보와 결정 사항은 문서로 만들 어 팀원들 간에 편리하고 쉽게 공유하도록 한다.

+ 43. +
상사의 업무지시를
제대로 빨리 이해하는 법

선배들의 업무지시를 빠르게 이해하고 그들의 눈높이에 맞게 업무를 처리하는 것은 후배 입장에서 매우 중요하다. 그러나 현실은 이게 정말 쉽지 않다. 선배도 자기 일로 바쁜 직장인이기 때문이다. 그래서 선배는 대부분 최대한 간략하게 말로 업무를 지시하는 경향이 있다.

선배로부터 "이번 프로젝트를 위해 창의적인 간판 디자인에 대해 조사 좀 해주세요"라고 지시를 받았다고 가정해 보자. 막상 이런 지시를 이행하려고 하면 많은 궁금증이 생길 것이다. '창의적인 기준이 무엇일까?' '어느 정도 수준의 양과 질로 조사해야 하는 걸까?' '언제까지 조사를 끝내고 최종 보고를 하면 될까?' 등의 궁금증이 머릿속에 우후죽순으로 생길 수밖에 없다. 선배의 입에서 나온 말 혹은 키워드만 가지고 업무에 관한 지지 내용을 완전히 이해한다는 건 누구에게나 불가능하다.

선배의 업무지시를 빠르게 이해하려면 사전 준비가 되어 있어야 한다. 예컨대, 선배가 하는 일이 무엇인지 미리 알고 있어야 한다. 또 이 업무지시가 어떤 의도와 맥락에서 나온 것인지를 파악하고 있어야 한다. 그래야 최소한의 언어로 선배의 지시 사항을 파악할 수 있다.

회사에서는 안 가르쳐주는 업무 센스

사전 준비 단계를 마쳤다면 구체적인 지시 사항을 정확하게 확인해야 한다. 선배가 생각하는 지시의 기준을 확인하고 이해 방향을 맞추는 과정이 필요하다. 이를 위해서는 핵심적인 질문을 자연스럽게 던지면 된다.

선배가 긴 설명을 하지 않도록 최대한 간결하게 답할 수 있는 질문을 던지고, 구체적인 예를 들면 좋다. '독특한 길거리 간판 샘플을 찾는 거죠?' 'PPT 양식으로 샘플을 모아 정리하는 게 아무래도 좋겠지요?' '내일까지 찾아보고 모레 오후 2시쯤에 드려도 될까요?' 등 이런 식으로 체크 과정을 거치면 선배의 지시를 거의 완벽하게 이해할 수 있게 된다.

선배의 지시를 빠르고 명확하게 이해하는 방법과 확인, 체크, 질문을 주제별로 분류해 정리했다. 업무에 활용해 보자.

구분	내용
업무지시 배경 이해 방법	- 지사 내용의 문맥을 파악하기 위해 지시된 업무와 관련된 배경 정보를 확인한다. - 특정 용어나 약어가 이해되지 않으면 해당 용어의 정의나 약어의 의미를 찾아본다. - 주어진 지시와 관련된 업무 주요 담당자에게 추가 설명을 듣거나 관련 문서를 확인한다. - 모호한 부분이나 이해하지 못한 내용에 대해 즉시 질문한다. - 어떤 목적을 위해 왜 이 업무가 필요한지 물어본다.

업무지시를 둘러싼 필수 확인 요소 체크 방법	– 중요한 세부 사항이나 용어의 뜻, 제약 사항을 확인한다. – 마감 기한, 우선순위 등을 확인해 작업의 중요도를 평가한다. – 마감 기한이나 우선순위와 관련된 명확한 지침이 없는 경우, 필요한 기간과 중요도를 물어본다. – 모호한 용어나 기준, 범위는 구체적인 예로 표현해 질문한다. – 부족한 자원이나 정보에 대한 지시가 없으면 필요한 자원을 얻는 방법을 물어본다.
구체적인 업무 진행 내용 이해 방법	– 업무 범위와 예상 결과물을 이해하고 확인한다. – 유사한 작업을 수행한 경험이 있다면 관련 경험을 참고해 이 해도를 높인다. – 주어진 작업에 필요한 기술, 도구, 프로세스, 양식 등을 숙지 하고 준비한다. – 업무 범위나 예상 결과물의 기대치를 질문한다. – 작업의 세부 사항이나 특이 사항에 대해 이해하지 못한 경 우, 추가적인 설명을 요청한다. – 관련된 권한이나 접근 권한 등이 필요한 경우 확인을 위해 질 문한다.

정리해 보자. 가장 빠르고 효율적으로 선배의 지시를 이해하려면 먼저 선배의 전체 업무를 이해하고, 지시한 내용의 의도를 알고 있어야 한다. 이후 업무지시에 대해 최대한 구체적인 기준을 확인해야 한다. 그러기 위해서는 중요하다고 판단하는 핵심 사항을 구체적인 예를 들어 질문한다. 이때 선배가 최대한 간략하게 답할 수 있도록 한다.

회사에서는 안 가르쳐주는 업무 센스

후배에게
업무를 지시하는 요령

후배에게 업무를 명확하게 지시하는 것은 중요하다. 만약 선배가 "창의적인 디자인에 대해 조사해서 보고하세요"라고 지시했다면, 후배는 이를 정확히 이해했을까? '창의적'이라는 것에 대해 이해 차이가 생겨 선배가 기대하지 않은 방향으로 보고할 수 있다.

일을 잘하는 선배는 일을 잘 지시하기도 한다. 즉 똑똑한 선배가 되기 위해선 이런 사태를 예측하고 사전에 방지해야 한다. 내가 '언어'로 전달한 업무지시 내용을 후배가 100% 이해하기란 불가능하다는 사실을 알아야 한다. 우리의 언어 전달 체계는 매우 제한적이다. 타인에게 업무의 배경과 의도, 기준과 수준, 절차와 시간 등을 한꺼번에 전달하는 일은 어려운 게 당연하다.

따라서 선배는 업무를 지시할 때 이런 의문을 품을 수 있다. '후배가 내가 생각하는 창의적인 기준을 정확하게 이해했을까?' '후배가 내가 생각하는 간판의 범위를 확실히 이해했을까?' '후배가 내가 생각하는 수준의 양과 질로 조사해야 한다는 점을 이해했을까?'

이런 의문을 가지지 않기 위해서는 자신의 기대 수준이 후배의 머릿속에도 똑같이 그려질 수 있도록 해야 한다. 그러기 위해선 배경을 최대한 자세히 설명하고, 구체적인 어휘를 사용하고, 정보 공유 상태를 확인해야 한다. 대화 사례를 구성해 보았다.

⛂ 선배: 거리 환경과 간판 개선 프로젝트 기획을 준비하는데, 국내 독특한 길거리 간판 디자인 샘플을 조사해서 보고서로 작성해 주세요. PPT 양식으로 정리한 다음에 샘플을 모아서 주세요.

⛂ 후배: 알겠습니다. PPT 양식으로 샘플을 정리해 보겠습니다.

⛂ 선배: 이번 주 금요일까지 필요한데 퇴근 전까지 제출할 수 있을까요?

⛂ 후배: 가능합니다.

나는 후배에게 업무지시를 내릴 때 전체 일 과정과 핵심 키워드를 사전에 충분히 생각하고 메모한다. 정말 중요한 포인트가 있다면 이를 특별히 강조한다. 그리고 지시할 해당 업무의 목적과 의미, 꼭 필요한 요소, 기준을 정리해 전달한다. 또한 왜, 무엇을, 어떻게, 언제까지 해야 하는지 명료하게 이야기한다. 특히 중요한 업무는 메모지나 문서에 텍스트로 핵심 사항을 미리 정리해 두면 지시할 때 참고하기에 좋다.

다음은 선배가 후배에게 업무를 제대로 지시하는 요령을 주요 항목별로 정리한 것이다. 다시 한번 점검해 보자.

구분	내용
명확한 목표와 방향 제시	- 업무의 목적과 기대되는 결과물에 대해 구체적으로 지시한다. - 명확한 어휘와 수치, 구체적인 예시를 들어 지시한다.

회사에서는 안 가르쳐주는 업무 센스

업무 범위 및 기대 사항 명시	- 할 일의 범위와 제약 사항을 명확하게 제시한다. - 기대되는 결과물에 대한 세부적인 내용과 기준을 제시한다.
일정 및 우선순위 설정	- 업무의 완료 기한을 명확하게 설정하고 알려준다. - 각 작업의 우선순위를 명확하게 설명해 중요한 일에 집중할 수 있도록 한다.
자원 및 도움 제공	- 업무를 수행하는 데 필요한 자원을 제공하거나 안내한다. - 업무 수행 중 도움이 필요한 경우 언제든지 선배에게 알리도록 안내한다.
효과적인 의사 소통 수단 활용	- 업무 특성에 맞는 의사소통 수단을 선택하고 활용한다. - 긴급한 사안에는 신속하게 대응하기 위한 채널을 지정한다.
피드백과 성과 평가 기준 설명	- 성과평가의 기준과 프로세스를 미리 안내한다. - 목표 달성 시 보상을 확실히 전달해 동기부여를 심어준다.

+ **45.** +

세대 차이가 나는 직원들과
잘 소통하는 법

인기 드라마였던 〈슬기로운 의사생활〉에 재미있는 '꼰대 상사' 장면이 나온다. 인턴 2명이 있는 곳에 나이 지긋한 의사 교수님들이 들어와 인사를 나눈 후 이런 질문을 한다. "힘들지? 부모님은 왜 너희에게 의사가 되라고 했대? 부모님 직업은 뭐니?"

해당 질문은 별 뜻이 없거나 고생하는 인턴에 대한 측은지심에서 나온 물음일 수도 있다. 하지만 선배가 후배에게 부모의 직업을 질문하는 순간 해당 선배는 '꼰대 상사'로 비칠 수 있다.

뒤이어 들어온 드라마 주인공의 질문은 이전 교수와 좀 달랐다. 그는 인턴에게 이렇게 묻는다. "새로 온 인턴? 이름이?" 인턴은 각각 자신의 이름을 답했다. 이어 주인공은 인턴에게 질문한다. "어떤 음악 좋아해?"

직장 내에서는 다양한 세대가 만나 함께 일한다. 요즘 직장에서 세대 갈등 혹은 세대 오해가 자주 발생하는 것은 지극히 당연한 일이다. 대한민국은 짧은 기간 동안 엄청나게 빠른 경제성장을 이루었고, 이로 인해 직급 사이에 이질적인 세대들이 차지하고 있다.

내가 과거 직장생활을 시작할 때는 사무실 내 흡연이 자연스러웠다. 토요일 오후 2시까지 근무하는 것도 기본이었고 격주 토요일 휴무 기업은 선망의 대상이었다. 자소서에는 본적, 키와 몸무게, 종교, 부모 직업까지 적는 칸이 있었다. 그러나 지금은 문서 작업이나 소통 방식도 컴퓨터나 인터넷 때문에 엄청나게 변했다. 세대 간 의식차도 엄청나게 커졌다. 직장 내 세대 갈등은 주로 각 세대의 가치관, 의사소통 스타일, 업무 관행 등의 차이에서 비일비재하게 생긴다. 가상의 견해 차이를 살펴보자.

회사에서는 안 가르쳐주는 업무 센스

사례1

👤 후배: 이메일이나 종이 문서로 오래 걸리는 일은 없애고, 실시간 채팅
이나 메신저로 빠르게 소통했으면 좋겠어요.

👤 선배: 문서 작성이나 이메일을 통한 공식적인 소통이 중요합니다. 실
시간 채팅이 모든 문제에 적합하지는 않을 것입니다.

사례2

👤 후배: 일의 효율성을 높이기 위해 유동적인 근무 환경을 더 많이 지원
해 주세요. 원격 근무, 자율 출퇴근이 효과적일 수 있어요.

👤 선배: 근무 시간을 준수하고 업무 규칙을 엄격히 지켜야 팀의 효율성
이 유지될 것입니다.

사례3

👤 후배: 빠른 피드백과 학습 기회를 제공해 주세요. 성장과 스킬 향상에
집중하고 싶어요.

👤 선배: 신입보다는 경력과 경험이 있는 사람을 우선 고용하고 업무에
활용하는 것이 중요합니다.

이처럼 같은 사안이라도 세대에 따라 다르게 생각한다. 가치관
이나 판단 기준이 다르기 때문이다. 의사소통 스타일이나 IT 기술
사용에 대한 견해에도 차이가 난다. 업무에 대한 태도, 업무와 삶
의 균형에 관한 생각도 다르다. 그렇다고 이런 차이에 대해 쉽게

타협할 수 있는 것도 아니다.

그러다 보니 Z세대라고 할 수 있는 아랫세대는 '자기주장만 강한 당돌한 사람'이고, 그 이전의 다양한 구세대는 '나 때는 말이야' 외치는 꼰대 상사로 평행선을 달리는 관계가 되기 쉽다. 세대 차이를 극복하고 상대를 존중하며 잘 소통할 수 있는 멘트를 알아두자. 그리고 자주 사용할 수 있도록 노력해 보자.

아랫세대가 윗세대에게 자주 쓰면 좋은 말

1) "선배님들의 경험을 들려주시면 아이디어를 내는 데 큰 도움이 될 것 같습니다."
2) "팀장님의 의견을 충분히 검토해 보겠습니다."
3) "경험이 풍부한 선배님들의 조언을 받아 성장하고 싶습니다."
4) "부장님의 조언이 저희에게 큰 도움이 될 것입니다."

윗세대가 아랫세대에게 자주 쓰면 좋은 말

1) "신입사원의 새로운 시각을 존중하고 기대합니다."
2) "새로운 아이디어에 대해 열린 마음으로 듣고 있습니다."
3) "여러분의 상황과 고민을 솔직하게 이야기해 주세요."
4) "여러분이 활용하는 신기술이나 IT 도구를 적극적으로 활용해서 제안해 주십시오."

회사에서는 안 가르쳐주는 업무 센스

+ 46. +

세대 차이를 줄이기 위해 조직이 할 수 있는 일

직장인들은 누구나 세대 차이를 겪을 수밖에 없다. 과거에도 그렇고 현재도 그렇다. 미래에도 그럴 것이다. 회사는 다양한 세대가 모여 일하는 곳이니 세대 차이가 발생하는 것은 너무나 당연하다. 오히려 모든 세대의 특징이 전부 똑같다면 그게 이상하지 않을까?

사실 대한민국에서 '세대'는 매우 독특한 특성을 보인다. 가난한 전쟁 후 세대, 산업화 세대, 경제성장 후 세대, IT 시대 세대, 스마트 Z세대가 현재 한 공간(회사)에 모두 몰려 있다. 따라서 조직 입장에서 세대 차이를 외면하며 방치할 순 없다. 조직 내에서 다양한 세대가 차이를 인정하고 갈등을 줄이고 상호 협력할수록 업무 성과는 높아지기 때문이다.

세대 간의 차이를 줄이려면 어떻게 해야 할까? 당연한 말이겠지만, 서로 세대가 살아온 환경에서 터득한 의사소통 스타일과 가치관을 이해하고 수용해야 한다. 개인 간의 배려와 세대 차이를 극복하려는 노력도 필요하지만, 조직 내 세대 갈등을 줄이고 커뮤니케이션할 수 있는 여러 가지 장치도 필요하다. 조직이 세대 차이를 이해하고 갈등을 완화하는 몇 가지 방안을 정리해 두고 활용해 보자.

구분	내용
세대 차이를 인정하는 분위기 조성	- 세대 간의 차이를 이해하고 존중하는 조직문화를 조성한다. - 팀 간의 대화와 교류를 촉진해 서로의 가치와 관점을 공유하도록 장려한다.
멘토링 프로그램 구축	- 더 어린 세대의 구성원에게 더 경험이 많은 선배나 리더가 멘토링을 제공함으로써 상호 세대 간의 이해를 높인다.
다양한 의견 수용과 협업 강화	- 다양한 세대의 의견을 수용하고 팀의 목표에 대한 공통된 이해를 형성한다. - 팀 프로젝트를 통해 세대 간의 협업을 강조한다.
유연한 업무 환경 제공	- 다양한 세대가 자신의 업무 스타일에 맞게 일할 수 있는 유연한 환경을 조성한다. - 기업이나 부서 특성에 맞게 원격 근무, 유동적인 근무 시간 등을 고려한다.
역량 강화 교육 제공	- 각 세대의 강점과 특성을 인정하고, 이를 강화할 수 있는 교육 프로그램을 제공해 조직 내 갈등을 완화한다.
커뮤니케이션 플랫폼 활용	- 매뉴얼, 양식, 정보를 공유하는 플랫폼을 구축해 활용한다.

세대 간의 갈등을 해소하려면 회사 차원의 노력이 전제되어야한다. 또한 직원들의 상호 이해와 존중, 유연성을 중시하는 문화를 조성하는 것이 중요하다. 선후배, 신구 세대 직장인들이 세대 갈등문제를 이해하고 함께 노력도 해야 한다. 조직은 세대 다양성을 포용하도록 설계되어야 지속 가능하다.

✦ 47. ✦

타인을 내 편으로 만드는
대화 기술

일할 때 사용하는 대화 방식은 가족이나 친구들과 대화하는 방식
과는 차이가 있다. 일상적인 대화에서 친한 사람들과 엄격한 예의
를 지키지 않거나 간혹 실수해도 문제가 안 된다. 그러나 업무상
대화에서는 태도, 예의 등의 형식과 대화의 메시지나 내용이 엄청
난 파장을 일으킬 수 있다.

　일반적으로 우리는 일할 때 두 가지 대화 기술을 사용한다. 하나
는 상대를 논리적으로 '설득'하는 기술이고 다른 하나는 '공감'을 얻
어 타인을 내 편으로 만드는 기술이다.

구분	내용
공감의 대화 기술	- 비슷한 경험이나 에피소드, 추억, 느낌을 공유해 진밀 감을 높이는 대화 기술
논리의 대화 기술	- 구체적인 사례와 근거를 제시해서 일 자체의 원인을 분 석하고 논리적인 절차를 통해 설득하는 대화 기술

　이 두 대화 기술을 때와 장소, 그리고 사람에 맞게 활용할 수 있
도록 연습하자. 논리의 대화 기술이 필요한 장소나 상대에게 공감

3장. 커뮤니케이션 기술 - 업무 효율성을 높이는 방법　　　　　　**145**

의 대화 기술만 사용하면 오히려 신뢰를 잃는다. 반대로 공감의 대화 기술이 필요한 곳이나 상대에게 논리의 대화 기술만 사용하면 인간적인 관계를 지속하기 어려울 수 있다. 따라서 두 대화 기술을 함께 활용하는 것이 중요하다.

그리고 무엇보다 중요한 것은 대화 기술은 연습과 훈련을 통해서 어느 정도 의도적으로 연출할 수 있지만, 진심이 마음속 깊은 곳에서 나와야 한다는 점이다. 대화는 단순히 언어나 메시지 교환이 아니라 상대의 관점, 가치관, 마음, 태도, 심리 등 보이지 않는 요소에 의해서 완성된다. 몇 분 대화하다 보면 상대의 진실성, 신뢰성, 의지, 신념, 가치관 등이 고스란히 드러나는 게 바로 이러한 이유 때문이다. 그래서 나는 진실한 마음으로 대화하는 것이 모든 대화 기술의 전제조건이라고 생각한다.

물론 진실한 마음 하나로 상대에게 이해와 공감을 바라라는 의미는 아니다. 대화에도 치밀한 전략이 필요하다. 내가 소개하는 전략은 대화의 '핵심 메시지'와 대화의 '형식'을 철저하게 구분해서 준비하는 것이다. 따라서 전달하려는 대화의 핵심 메시지를 분명히 정해두어야 한다.

1) 우리가 만나 대화하는 핵심 목적은 무엇인가?

2) 나는 상대에게 어떤 메시지를 반드시 전달해야 하는가?

3) 상대를 논리적으로 설득한 근거는 무엇인가?

4) 상대가 공감할 수 있는 사례나 경험은 무엇인가?

회사에서는 안 가르쳐주는 업무 센스

5) 상대가 우리의 대화를 통해 반드시 기억해야 할 내용은 무엇일까?

이런 질문의 답이 바로 핵심 메시지다. 나는 대화 전에 항상 이런 메시지를 미리 메모하고 자료를 준비해 둔다. 메모를 참조하면 메시지를 정확하게 교환하고, 자료를 출력해 함께 보면 대화의 질을 더 높일 수 있다.

대화할 핵심 메시지가 명료하게 정리되었다면 이제 대화의 형식을 구상해야 한다. 대화의 형식이란 쉽게 말해 사람과 사람이 만나 서로에게 편안함을 느끼고 신뢰를 느끼게 만드는 '환경 만들기'다. 이건 일상적으로 연습해 습관으로 만들어야 한다. 하루아침에 만들어지는 게 아니기 때문이다. 나는 평소 모든 대화에서 다음에 소개하는 5가지 대화 습관을 지키려고 노력한다. 이를 참고해 자신만의 대화 방법을 개발해 보자.

구분	내용
긍정적인 표정과 언어 활용	- 첫 만남에서 활짝 웃는다. 미소로 만나고 미소로 헤어진다. - 긍정적인 언어를 사용한다. "그렇게 말씀해 주시고 도와주셔서 감사합니다."
경청	- 상대방의 이야기에 집중하고 관심을 표현한다. - 핵심 단어를 재확인하고 메시지를 구체적으로 풀어 확인한다. "이달까지 프로젝트가 모두 끝나야 한다는 말씀이시죠?" - 질문을 통해 상대방의 의견을 깊이 이해하려고 노력한다. "몇 개 단체가 참여하며 참가 자격 기준이 있나요?"

공감 표현	- 상대의 마음과 감정, 상황과 처지를 최대한 역지사지하면서 이해하고 공감하는 표현을 사용한다. "그런 상황에서 그런 감정을 느낄 수밖에 없었는지 충분히 이해할 수 있겠네요."
자기표현과 솔직함	- 자신의 감정이나 생각을 솔직하게 표현함으로써 상대방과의 신뢰를 쌓는다. "이런 점이 매우 훌륭했지만, 조명은 개선이 필요하다고 느꼈어요."
공동 목표 강조	- 공동의 이익이나 목표를 강조한다. "좀 힘들어도 충분히 감당할 수 있습니다. 함께 성장하는 좋은 기회가 될 테니까요."

+ 48. +

후배를 위한
멘토링 요령

우리는 누구나 초보자에서 출발했다. 그리고 선배들의 가르침으로 성장했다. 하지만 우리가 선배가 되어 후배를 가르쳐야 하는 날이 온다면? 우리는 누군가를 잘 가르치는 방법에 대해 배운 적이 없다. 어쩌다 직장에서 상사가 되고, 어쩌다 선생님 역할을 맡게 된 것뿐이다. 이럴 때 할 수 있는 건 선배들에게 배웠던 대로 똑같이 가르치거나, 자신이 옳다고 믿는 방식으로 최대한 열심히 가르쳐주는 것이다.

회사에서는 안 가르쳐주는 업무 센스

그러다 보니 여러 가지 문제가 생긴다. 선배들에게 열심히 배웠던 대로 후배를 열심히 가르쳤는데 나를 '꼰대 상사'라고 여긴다면? 나는 후배를 위해서 하는 진심 어린 충고이자 조언이라고 생각했는데, 후배는 나를 잔소리 상사로 여긴다면? 직장생활에서 이런 일들이 비일비재하다.

후배에게 일을 가르쳐야 하는 경우라면 한 번쯤은 '가르치는 요령'에 대해 고민할 필요가 있다. 가르치는 방법이 나쁘면 서로에게 스트레스를 주고 함께 일하기 싫은 관계가 만들어지지만, 가르치는 방법이 좋으면 서로에게 힘이 되고 함께 일하고 싶은 관계가 만들어질 수 있기 때문이다.

잘 가르치려면 꼰대, 잔소리, 훈수, 대중 교육, 개인별 멘토링의 특징과 차이에 대해 생각해 볼 필요가 있다. 내가 생각하는 기준을 소개해 본다.

구분	내용
꼰대 교육	- 교육 그 자체보다 자기 기준, 자기 경험, 자기 이야기, 자기 프레임을 내세우는 데 관심이 더 있다. - 후배의 속마음: '자기 기준, 자기 경험, 자기 프레임, 자기 이야기, 자기 프레임은 관심 없으니 일하는 방법을 가르쳐 주세요.'
잔소리	- 단편적으로 일하는 과정에서 시시콜콜 평가하고 간섭하고 참견한다. - 후배의 속마음: '제대로 정확하게 일하는 방법을 알려주세요.'

훈수	- 제3자처럼 교육도 아니고 조언도 아니고 충고도 아니고 옆에서 보이는 것만 가지고 훈수를 둔다. - 후배의 속마음: '전후 사정을 잘 알지도 못하면서 그런 조언은 이해하기 어려워요.'
대중 교육	- 회사 차원의 공식적인 직원 교육, 학교 수업처럼 대략적인 정보를 학습하는 데 도움이 된다. - 후배의 속마음: '구체적인 방법이나 내가 맡은 업무를 실행하는 데 궁금한 점이 많아요.'
개인 멘토링	- 후배가 현장에서 해당 업무를 진행하며 알아야 할 일의 방식을 선배가 바로바로 알려주고 어려움이나 문제에 관한 질문에 대해 답해준다. - 후배의 속마음: '처음엔 잘 모르는 게 당연하니, 일의 원리와 배경부터 설명해 주시고 친절하게 구체적인 요령을 알려주시면 좋아요.'

　　잔소리, 훈수, 조언, 충고, 멘토링 등은 모두 종이 한 장 차이다. 때와 장소에 맞게 듣는 사람이 원하는 방식으로 교육하는 것이 가장 좋다. 교육을 담당하고 있다면 한 번쯤 돌아보자. 꼰대 교육이나 잔소리 교육, 훈수 교육을 하고 있다면 하루빨리 대중 교육이나 개인 멘토링 형태로 교육 방법을 바꾸어야 한다. 꼰대 교육이나 잔소리 교육, 훈수 교육 위주로 굴러가는 주먹구구 회사는 성장 가능성이 거의 없다.

　　진짜 유의해야 할 점은 꼰대 교육이나 잔소리 교육, 훈수 교육을 하는 상사가 스스로 '나 때 경험'을 들려주고, '나 때 이야기'를 들려주고, 그러면서 참견하고 훈수를 두며 잔소리하는 게 다 후배를 위해서라고 확신한다는 것이다.

개인적인 경험담이나 이야기를 늘어놓으며 잔소리하는 것과 교육의 분명한 목표와 교육의 메시지를 설정하고 그걸 뒷받침하는 구체적인 근거나 예시로 경험담이나 자신의 이야기를 덧붙이는 것은 완전히 다르다. 전자를 꼰대 교육, 잔소리 교육, 훈수 교육이라 하며 후자를 대중 교육, 개인 멘토링이라고 한다.

또한 업무를 교육할 때 취향과 일을 구분해서 접근해야 한다. 가령 개인적 성향 차이나 일하는 방식에 대해서는 최대한 자율성을 존중해 주고, 열린 마음으로 조언해 주는 것이 좋다. 개인적 성향이나 일하는 방식까지 고치거나 가르치려고 들면 역효과가 날 수 있기 때문이다.

마지막으로 강요하는 지시보다는 존중과 신뢰를 바탕으로 인간적이고 솔직하게 교육해야 한다. 그러면 서로의 신뢰감을 증진하며 효과적인 멘토링 관계를 만들어 갈 수 있다.

+ 49. +

도움을 요청할 수 있는
멘토 만들기

지난 인생을 돌아보면 중요한 변곡점마다 늘 힘이 되고 조언을 준 멘토가 있었다. 전공할 학과를 선택한 것도 고등학교 시절 멘토 때문이었고, 대학에서 기자 생활을 시작한 것도 대학 시절 멘토 때문이었다. 내가 다양한 장르의 글을 쓰게 된 것도 영화 시나리오 작가였던 멘토 덕분이고, 졸업하면서 신문사에서 기자를 하게 된 것도 멘토의 영향이었다.

늘 혼자 길을 헤쳐 온 것 같다고 생각하지만, 회상해 보면 그때마다 꼭 필요한 멘토가 있었다는 점이 놀랍다. 혼자 결정하고 부담스럽거나 앞길이 보이지 않아 막막할 때 멘토는 때로 길을 제시하고 때로 위로를 주고 때로 영감을 주는 경험담을 들려준다.

직장에서 믿고 의지할 만한 멘토 한 명만 있어도 회사 생활 반은 성공한 것과 다름없다. 요즘 기업에서는 '사수-부사수' 제도나 '후견인 시스템'을 두어 직속 선배가 신입사원들의 마음 관리와 업무를 적극적으로 도와주기도 한다. 이런 제도가 있다면 열심히 활용하면 되지만, 관련 제도가 없다면 스스로 멘토를 찾아 나서길 추천한다.

회사 내에서 좋은 멘토를 찾는 일은 직장생활의 성패를 결정할 수 있을 만큼 중요하다. 그러니 신중하고 적극적이어야 한다. 멘토는 같은 부서 직속 선배일 수도 있고 팀장이나 부서장이 될 수도 있다.

물론 함께 입사한 경력직 사원도 가능하다. 회사 생활 초기에는 그냥 선배가 아니라, 회사 생활에 대한 조언을 들을 수 있는 친밀한 멘토를 만들겠다는 목표를 세워야 한다. 그러면 회사 사람들을 좀더 세밀하게 관찰할 수 있다. 그 사람의 업무 능력, 업무 스타일, 평

회사에서는 안 가르쳐주는 업무 센스

판, 성격, 인간성, 가치관, 좋아하는 것, 취미 등을 두루 살펴본다. 그 후 멘토로 삼을 만한 선배와 좀 더 많은 시간을 보내야 한다. 회사 생활 전반의 조언을 구하고, 점심 식사를 함께하며 퇴근 후 술이나 커피를 함께 마실 수도 있다.

그렇다면 좋은 멘토를 고르는 기준은 뭘까? 딱 떨어지는 정답은 없지만, 다음에 소개하는 몇 가지 기준이 있다. 이 기준을 토대로 멘토를 찾아서 함께 좋은 인연을 만들고 성장해 나가자.

기준	내용
경험이 풍부한 전문가	- 내가 하는 업무에 경험이 풍부하고 해당 분야에서 실력을 갖춘 전문가인가?
인간적 소통 능력	- 지나치게 고립적이거나 폐쇄적이지 않으면서 편하게 질문하거나 도움을 요청할 수 있고 인간적으로 친분을 형성할 수 있는가?
동기부여와 격려	- 매사에 부정적이거나 불평, 불만을 토로하는 성격, 주변 동료를 험담하거나 '가스라이팅'하는 태도를 보이지 않고 주변 사람들에게 긍정적인 에너지를 주고 자신감을 주는 언어를 사용하는가?
적절한 피드백 제공	- 구체적이고 건설적인 피드백이나 문제의 해결책을 제공해 멘티가 실력을 향상할 수 있도록 도움을 주는가?
이해와 관용	- 동료나 후배의 상황과 처지를 이해하려 하고, 필요한 경우 관용적이고 이해심 있게 대응하는 스타일인가?
자기 향상과 지속적인 학습	- 회사 생활 안팎에서 타인에게 함부로 선을 넘지 않고 나이와 지위를 떠나 예의 바르며, 자기 분야에 대해 학습하며 더 발전하려는 삶을 살아가려고 하는가?

한 가지 기억해야 할 점은, 멘토도 멘티가 필요하다는 것이다. 만약 선배가 좋은 후배를 두어 자신의 경험과 노하우를 전할 수 있다면, 자신의 실력 향상과 동시에 든든한 동지를 얻었다는 안정감을 얻을 수 있을 것이다. 따라서 직장 내에 좋은 멘토 그리고 멘티를 찾기 위해서 끊임없이 노력해야 한다.

+ 50. +
효과적인 회의 준비와
회의 진행 방법

직원들은 회사에서 회의를 자주 한다. 동료와 업무 체크 회의, 팀이나 부서 회의, 프로젝트 기획 회의, 아이디어 회의, 업무 소통 회의 등 회의의 종류는 셀 수 없이 많다. 나는 개인적으로 회의를 그리 좋아하지 않는다. 어떤 특정 시간에 여러 사람이 한자리에 모인다는 자체가 이미 비효율적이라고 판단하기 때문이다.

실제 회의에서도 잡담이나 공지 사항, 업무 체크, 일상적인 업무 보고나 계획 등 별로 중요하지 않은 사안들이 회의 시간의 대부분을 차지한다. 함께 중요한 비즈니스 정보를 공유하며 확인해야 한다든지, 아이디어를 함께 찾아야 한다든지, 급한 문제해결이나 대책을 마련해야 한다든지 정말로 필요한 회의는 생각보다 많지 않다.

회사에서는 안 가르쳐주는 업무 센스

내가 생각하는 진정한 회의는 비즈니스에서 중요한 의사결정을 해야 할 때 많은 직원의 생각이나 아이디어와 의견을 함께 모으는 시간이다. 그 외에 공지 사항, 업무 체크, 일정 체크, 단순 정보 전달, 일상적인 업무 보고나 계획 등은 다른 소통 수단으로 간단하게 처리하면 된다.

나의 회의론은 '최소로 적은 회의, 최대한 짧은 회의가 기업의 경쟁력'이다. 물론 개인이 회사의 회의 문화를 바꾸긴 힘들다. 또 회의는 다양한 목적으로 열릴 것이며 절대 사라지지도 않을 것이다. 어쨌든 회사에는 다양한 회의가 있고 회의를 주재하는 사람과 회의에 참여하는 사람이 있다. 따라서 주재하는 사람이나 참여하는 사람이 성공적인 회의를 만들기 위해 준비해야 할 사항이 무엇인지 알아두면 좋다.

먼저 회의를 성공적으로 만들기 위해 주재자는 회의 전 준비 기간이 매우 중요하다는 점을 알아야 한다. 준비 기간 동안 참석자들에게 어떤 목적으로 언제부터 언제까지 누가 참여하는지 통보한다. 특히 참석자들에게 무슨 준비를 해야 하는지 명확한 체크리스트를 전달하는 것이 좋다. 어떤 사안의 분석이 필요하거나 아이디어가 필요한 경우 관련 내용을 사전에 공유하고 어떤 의사결정이 필요한지, 어떤 내용이나 아이디어를 어떤 식으로 회의 시간에 제안할지 가이드라인을 제시해 주어야 한다.

그러나 많은 회의가 즉흥적으로 이루어진다. 회의에 참석하고 나서야 목적을 알린다. 배경 설명을 장황하게 늘어놓고 관련 내용을 공유한다. 이렇게 진행되는 회의는 정말이지 최악의 회의다. 즉흥적인 회의는 방향이나 목적을 잡지 못하고 실속 없이 끝나기 마련이다.

만약 '준비된 회의'라면 미리 공지한 사안을 관계자들이 개별적으로 사전에 충분히 분석해야 한다. 자신의 생각을 차분히 정리한 후이기 때문에 각자가 생각한 아이디어와 구체적인 계획안을 제시할 것이다. 나온 생각들을 신속하게 통합해 방향과 콘셉트를 잡으면 10분 만에 회의가 끝날 것이다.

지금부터는 회의 참석자들이 무엇을 준비해야 하는지 체크하자. 팀 회의 공지가 뜨면 회의 목적과 관련 자료, 준비물, 가이드라인을 확인한다. 무엇을 준비해야 할지 모르겠다면 구체적으로 질문한다. 회의를 통해 주재자가 얻고자 하는 것, 결론지어야 할 사항을 분명히 이해해야 한다. 생각이나 아이디어가 필요하다면 사전에 자료를 충분히 검토하고 관련 내용을 직접 찾아 준비한다. 생각이나 아이디어는 메모하거나 문서로 정리한다.

회의 시간 5분 전에는 미리 준비한 내용을 가지고 참석한다. 본인이 말할 차례가 오면 준비한 핵심 내용을 위주로 최대한 간략하게 발표하고, 다른 사람들의 생각을 경청하고 메모하면서 내 생각이나 아이디어와 비교해 본다. 그리고 참석자의 생각이나 아이디어들의 공통점이 있는지, 차이점은 무엇인지, 서로 융합해 창의적인 솔루션으로 찾을 수 있는지에 집중한다.

회의는 짧은 시간 효율적으로 회의 목표를 향해 나아가야 한다.

다양한 사람의 생각이나 아이디어가 자유롭게 나오도록 유도하고 옆길로 새지 않도록 일관되게 주제를 유지할 필요도 있다. 다양한 참석자들의 생각은 주제별로 분류하거나 통합, 융합하는 방법으로 방향을 정하면 된다. 모든 회의는 무조건 효율적이어야 한다.

✦ **51.** ✦

중요한 것부터
말하는 법

상사에게 업무 보고를 할 때 추천하는 여러 기법이 있다. 그리고 대표적인 방법이 '엘리베이터 보고'와 '결론부터 말하기'다.

엘리베이터 보고란 매우 바빠서 만나기 힘든 상사와 함께 엘리베이터를 타고 내리는 정도의 시간, 즉 30초에서 1분 안에 전체 내용을 전달하는 방식이다. 짧은 시간 내에 완성도 높은 보고를 하는 것이 목표이므로 간결하고 명확한 표현이 중요하다.

당연히 짧은 시간 내에 전달할 핵심 내용을 끄집어내는 것이 핵심이다. 예를 들면 다음과 같다.

1) "B사와 긴 협상 끝에 합의에 도달했다고 합니다."
2) "가격에 대한 협상에서 5% 할인을 받아내고, 추가적인 서비스도 포함되었습니다."

3) "우리 측의 요구 사항을 충족시키면서, 상대방도 새로운 계약으로 인해 긍정적인 이익을 얻을 수 있을 것으로 기대됩니다."

결론부터 말하기 역시 엘리베이터 보고와 다를 바 없지만 보고할 제약 시간에 상관없이 최종 결과부터 먼저 보고하는 방법이다. 보고에서 결론부터 말하는 이유는 비즈니스에서 결과가 가장 중요한 정보이기 때문이다.

핵심 정보는 대부분 결론에 있다. 결론을 먼저 전달하면 핵심 메시지가 명확하게 전달되므로 오해를 방지하고 효과적인 의사전달이 가능하다. 상사나 의사결정권자는 빠르게 결과를 받아들이고 이후 선택을 결정할 수 있게 된다. 예를 들어 다음과 같이 '결론'을 중심으로 말한다.

1) "출자금 100억 원이 방금 회사에 입금되었다고 합니다."
2) "막판에 설득으로 5%에서 10%로 규모를 늘리게 되었다는 보고입니다."
3) "계획대로 투자를 집행하라고 지시할까요?"

만약에 상사가 결론보다 더 궁금해하는 것을 알고 있다면 궁금해하는 내용부터 보고하는 것이 좋다. 만약 상사가 협상을 통해 5%를 10%로 끌어올릴 것을 강조했다고 가정한다면, 상사의 관심사인 10%를 가장 먼저 말하는 식이다.

회사에서는 안 가르쳐주는 업무 센스

마지막으로 상사가 궁금해할 사항은 예상 질문 순서대로 미리 정리한 후 차례로 보고하면 좋다. 가령 이런 식이다.

  👤 선배: 출자금 100억이 방금 회사에 입금되었다고 합니다.

  👤 후배: 합의가 잘 되었나 보네?

  👤 선배: 막판에 설득으로 5%에서 10%로 규모를 늘리게 되었다고 합니다.

  👤 선배: 그쪽의 조건은?

  👤 후배: 이자율은 그대로 하되, 만기를 1년 연장하는 조건입니다.

  👤 선배: 우리 자산 유동성은 문제없겠지?

  👤 후배: 여러 조건을 두고 검토했더니 문제가 없다고 확인했습니다.

이렇게 상사의 궁금증과 질문을 사전에 예측해 준비한 후 적절한 형식으로 보고한다면 당신은 분명 상사에게 인정받는 일잘러가 될 것이다.

+ **52.** +

신뢰감을 주는
언어

언어란 사람을 파악하는 데 매우 중요한 요소다. 어떤 분야의 어휘를 많이 사용하는 사람은 그 분야에서 일할 가능성이 클 것이다.

우리 회사는 신문사, 광고회사, 각종 프로젝트 컨설팅 기획 및 대행사, IT 정보 포털 등 다양한 비즈니스를 한다. 비즈니스마다 사용하는 전문 용어들이 다르다. 광고계에서 사용되는 어휘는 대한민국 기업 광고 관계자들이 공통으로 사용하고, 마케팅 언어는 대한민국 기업 모든 마케팅 관계자들이 공통적으로 사용한다. IT 영역이나 기술개발 분야의 전문 용어들도 마찬가지다.

우리 회사는 광고회사에서 출발해 신문사와 미디어, 각종 프로젝트 컨설팅 기획 및 대행사, IT 정보 포털 등으로 비즈니스를 확장해 왔다. 나는 그때마다 새로운 분야의 전공자들을 신입사원으로 선발해 왔는데, 그 신입사원들이 모두 다른 전문 어휘들을 사용한다는 걸 알게 되었다. 또한 새로 선발된 사원들과 그 분야의 고객 회사 관계자와 미팅에 함께 참여하며, 비즈니스에 따라 전문 어휘 위주로 커뮤니케이션한다는 사실도 알게 되었다.

더 흥미로운 점은 분야별로 전혀 모르는 사람이 처음 만나 프로젝트를 논의할 때 나이나 직책보다 더 중요한 것이 바로 '전문 어휘'였다는 점이다. 그 분야의 공통적으로 통용하는 '어휘'로 소통할 때 이들은 금세 동료애를 느끼는 것 같았다.

실제로 직장생활을 하다 보면 '어휘'로 묶인 사람은 전문영역 안에 들어온 동지로 여겨지는 경향이 있다. 의사, 출판편집인, IT 개발자나 디자이너 등 전문가들이 자신들의 어휘를 사용하는 이유는 모두 같다. 편리하고 효율적인 의사소통 수단인 동시에, 전문가로

회사에서는 안 가르쳐주는 업무 센스

인정하는 동지애를 만드는 접착제 역할을 어휘가 하기 때문이다.

비즈니스 분야에서 관련 전문 어휘를 정확하게 이해하고 사용하는 것은 분명 상대방에게 신뢰감을 준다. 그런 측면에서 업무와 관련한 전문 용어와 어휘는 많이 알고 활용하는 것이 좋다. 나는 그 분야의 전문 어휘를 모조리 알고 있다면 그것이 곧 '전문가'라고 생각한다. 전문가와 전문가를 가장 효율적으로 이어주는 끈이 바로 '전문 어휘'이기 때문이다.

일잘러가 되기 위해서는 현장에서 일하는 관련 전문가들을 많이 만나 그들이 사용하는 어휘를 들어보자. 또한 관련 분야 전문서를 꾸준히 읽으면서 그 분야에서 나온 새로운 용어들을 익혀 현장에서 사용하도록 하자.

+ 53. +

발표 불안을 줄이는 방법

회사 생활을 하다 보면 많은 사람 앞에서 발표해야 할 때가 있다. 행사의 사회를 볼 수도 있고 내부 임직원 회의를 진행할 수도 있다. 내부 발표회, 외부 경쟁 프레젠테이션 등이 대표적이다.

남들 앞에 서서 이야기하면 누구나 긴장된다. 30년 가까이 대중 강의, 방송강의, 수업이나 강의를 해온 나도 항상 강단에 오르기 전까지 긴장되고 떨린다.

그러나 강의나 수업이 시작되면 금세 사라진다. 교육에 몰입하는 일이 반복되면 경험이 쌓이고, 익숙해지면 긴장감도 무뎌진다. 기질적으로 외향적이라 남 앞에 서는 걸 좋아하고 즐기는 사람도 있다. 초중고, 대학 시절 반장이나 대표로 활동하며 앞에 나가 발표하는 것이 익숙해진 이도 많다.

그런데 문제는 대중 앞에 서는 것이 극도로 싫거나 병적으로 두려워하는 이들도 있다는 점이다. 이런 사람들은 지나친 긴장감이 유지되거나 그 긴장감으로 준비한 말을 못 하거나 진행을 하지 못할 수 있다.

이 정도라면 '발표 불안증'을 가지고 있다고 볼 수 있다. 발표 불안은 정말 다양한 원인에 의해 발생한다. 기질적으로 내성적인 사람이 많은 사람이 자신에게 주목하고 있다는 자기의식 때문에 호르몬 작용으로 땀이 솟거나 손이 떨리는 등 과도한 신체 반응이 오는 경우가 있다. 자신의 심장박동 소리가 들릴 때도 있고 머릿속이 하얘지기도 한다. 자신이 말한 내용이나 발표에 대한 평가와 실패에 대한 두려움 때문에 오는 사례도 있고 과거 실패 경험이나 발표 경험이 없다는 생각 때문에 자신감이 없을 때 일어나기도 한다.

이유가 어떠하든 크고 작은 발표 불안증이 있다면 어떻게든 이를 극복해 내야 한다. 평생 많은 사람 앞에서 말하는 것을 피해 다니고 도망칠 수는 없지 않은가? 발표 불안은 책이나 유튜브 영상을 찾아보면 좋은 솔루션이 많이 나오니 참고하면 좋다. 여기서는 내

회사에서는 안 가르쳐주는 업무 센스

가 활용하는 긴장감 줄이기 방법 몇 가지를 소개하려 한다.

첫째, 내가 어떤 무대에서 사무적이고 업무적인 발표를 한다고 가정하자. 사람들은 '나'에게 관심이 있을까? 장담하건대 없을 것이다. 사람들은 우리가 생각하는 것보다 훨씬 더 남에게 관심이 없다. 어떤 옷을 입었는지, 어떤 헤어스타일을 했는지 눈길이야 가겠지만 금세 잊는다.

사람들은 기본적으로 타인에게 관심이 있는 것이 아니라 타인이 전달하는 정보나 내용에 관심이 있다. 사람들이 '나'에게 관심 없고 '정보'에 관심 있다면 그냥 '정보'에만 집중하면 된다. 나는 그냥 녹음기나 확성기 같은 도구일 뿐이다.

둘째, 정보나 내용에만 관심 있다면 그 정보나 내용을 내가 최고로 잘 이해하고 잘 정리해서 쉽게 풀어 사람에게 전달하면 된다. 어떻게 하면 준비한 내용을 쉽게 잘 전달할 수 있을까? 주제, 범위, 전제조건을 체크하고 목차와 순서, 분류 기준을 정해 사전에 정리해 두면 된다. 사회자라면 말하는 형식 그대로 대본을 작성할 수 있다. 대개는 대본을 직접 다 쓸 필요도 없다.

비슷한 행사라면 샘플을 얼마든지 쉽게 구할 수 있다. 결혼식 사회자의 대본을 떠올리면 된다. 샘플 대본을 가지고 자기 상황에 맞게 수정하고 다듬어 활용하면 된다. 영화제 같은 곳에서 사회자가 손에 들고 넘기며 사용하는 '키노트 카드'에 정리해 둘 수도 있다. 노트북이나 컴퓨터를 이용할 수 있다면 PPT 자료를 만들어도 좋다. 여기에 전달할 정보나 내용을 사전에 정리해 두면 끝이다. 물론 내용과 정보를 프로답게 전달하면 더 좋을 것이다. 그러기 위해서는 국어책 읽듯이 읽지만 말고 사람들과 눈도 마주치거나 주요 내용을 좀 더 강조해 보는 연습을 해보자.

셋째, 갑자기 자기소개를 하거나 의견을 발표하는 등 자주 발표를 해야 한다면 평소에 정보와 메시지의 기본 포맷을 스마트폰 메모장에 정리해 둔다. 대개 서론 – 본론 – 결론 3개 파트로 구성해 놓는다. 자기소개일 때는 처음에 자기에 관한 소개를 하고 중간에 함께 하게 된 동기를 설명하고 마지막에 앞으로 계획을 간략하게 소개하는 식이다.

갑작스러운 의견 발표의 경우 처음에 관심과 쟁점을 이야기하고 중간에 구체적인 내용, 해결책, 아이디어를 제시하고 마지막에 추후 방향을 소개하면서 마무리 짓는 방식을 미리 구조화시켜 놓는다. 나는 스마트폰 메모 창에 자주 사용하는 자기소개서 내용이나 발표 기본 멘트가 작성되어 있다. 급하게 발표할 때 비슷한 포맷을 찾아 간단하게 수정해 스마트폰을 보면서 발표한다.

넷째, 겁먹지 말자. 발표 좀 못 한다고 내가 망하고 회사가 망하겠는가? 아니면 세상이 망하겠는가? 반대로 내가 정말 발표 좀 잘한다고 유명인 같은 발표자가 되고 내일 당장 세계적인 발표 스타가 되겠는가? 대부분 사람은 발표가 끝나면 금방 내용의 80~90%는 까먹는다.

심호흡 한 번 하고 그냥 준비한 대로 편히 발표하자. 오늘 발표하는 내용은 이 우주에서 내가 제일 잘 안다고 생각하자. 먼저 알게 된 것을 초등학생들에게 정성껏 가르쳐 준다고 생각하자. 한 가지 팁으로 발표할 때는 목소리를 평소보다 한 톤을 높여보자. 신기하게도 자신감이 커질 것이다.

✦ 54. ✦

외부 업무미팅
준비 요령

업무미팅은 다양한 장소에서 이루어진다. 내(우리 팀)가 협력 기관이나 고객 회사로 찾아갈 수도 있고, 고객(팀)이 우리 회사로 찾아와 미팅할 수도 있고 외부 커피숍에서 진행할 수도 있다. 외부 고객과 업무적 미팅을 할 때 어떤 사전 준비가 필요할까?

물론 너무나 상식적인 내용이지만 미리 준비를 잘 하지 않으면 낭패를 보는 경우가 종종 있다. 사소하지만 무시하면 낭패를 보는 업무미팅 준비 사항을 점검해 보자.

준비 사항	내용
날짜, 시간 확인	- 날짜와 시간이 정확한지 점검하고 하루 전에 다시 커뮤니케이션하는 것이 좋다. 날짜를 잘못 알고 찾아가는 경우도 종종 있다.

장소 확인	– 고객 회사로 찾아가야 하는지, 우리 회사로 올 것인지, 카페에서 만날 것인지 협의한다. – 고객 회사 방문 시 방문 절차가 필요할 수 있다. 신분증을 맡겨야 하거나 방문 목적과 방문자 이름과 부서를 정확하게 알아야 하는 일도 있으니 미리 준비하고 메모해 간다.
방문 시간	– 너무 일찍 도착해도 곤란하고 늦어도 곤란하다. 교통편을 참고해 사전에 도착시간을 예상해야 한다. 자가용 운전으로 방문할 때는 도로 막힘을 충분히 참작하는 것이 좋다.
준비 서류	– 미팅 장소에서 꼭 필요한 서류를 안 챙겨와 낭패를 겪는 일은 정말 비일비재하다. 하루 전에 목록을 구성해 반드시 체크하면서 준비 서류를 챙겨야 한다. – 미팅 목적과 참석인원에 맞게 준비할 서류와 출력본 수, 고객 회사에 요청한 준비 서류 등을 정확하게 확인해 챙긴다.
명함	– 미팅 시 인사와 함께 명함을 주고받는다. – 명함이 떨어졌다거나 안 갖고 오면 명함 주고받는 시간이 어색할 수 있으니 지갑에 명함이 떨어질 것을 대비해 별도로 기본 명함 상자를 늘 가방에 챙겨 두도록 한다.
복장	– 고객사 미팅의 경우 처음 만나는 경우이다 보니 최대한 단정한 복장을 선택하는 것이 좋다. 자유로운 복장의 회사라도 미팅 날에는 최대한 기본적인 매너를 보일 수 있는 복장을 선택하는 게 바람직하다.

이런 기본적인 미팅 형식의 점검 사항 외에도 가장 중요한 건 역시 미팅 내용이다. 미팅을 통해 얻고자 하는 과제를 잘 준비해야 한다. 미팅의 목적, 미팅의 협의 내용, 미팅의 추후 계획 등 반드시 만남을 통해 달성해야 할 사항은 체크리스트로 만들어 놓아야 한다.

미팅 후 논의하지 못하고 놓친 사항이 생기면 빠진 사안을 추가하거나 재논의하는 데는 훨씬 더 많은 정신적, 물질적 에너지가 소모되기 때문이다. 반복적인 업무로 미팅을 한다면 사전에 업무 유형에 맞는 미팅 체크리스트 매뉴얼을 만들어 두면 매우 편리하다.

미팅 체크리스트를 준비하면 고객사 담당자와 함께 체크 항목을 보면서 대화할 수 있어 상대에게 신뢰성을 주면서 동시에 실수나 누락을 없앨 수 있다. 미팅하면서 필요하다고 판단되는 내용은 체크리스트에 추가해 보완해 나가면 좋다.

+ 55. +

명함을
주고받는 요령

당신은 명함을 어떻게 주고받는지, 받은 명함을 어떻게 하는 것이 예의인지 배운 적이 있는가? 나는 솔직히 40살까지 이에 대한 교육이나 조언을 들어본 적이 없었다. '명함을 그냥 주고받으면 되는 거 아닌가?' 이런 생각뿐이었다. 솔직히 난 아무런 생각 없이 지갑에서 명함을 꺼내 상대에게 주고 상대가 주는 명함을 받아 주머니에 넣었다.

그런데 어느 순간 명함을 주고받는 것도 사소하지만 기본적인 예절이 있고 활용법이 있다는 걸 알게 되었다. 여러 사람에게 주워

들고 경험으로 터득한, 상대방을 좀 더 배려하는 명함 예절 몇 가지 알아두면 직장생활에 큰 도움이 될 것이다.

첫째, 명함을 누가 먼저 주고받고는 상황에 따르면 된다. 상대가 명함을 내밀면 상대 명함을 먼저 받으면 되고 내가 명함을 꺼내는 와중에 상대가 명함을 내밀면 명함을 꺼낸 후 상대 명함을 먼저 받으면 된다.

둘째, 상대의 명함을 받으면 가장 먼저 할 일은 명함을 봐주는 것이다. 명함을 보지도 않고 넣으면 실례가 된다. 명함을 본 후 이름과 직함을 불러주면 좋다.

셋째, 명함을 상대에게 줄 때는 명함의 방향을 상대가 읽기 좋게 전달한다. 다른 사람에게 과도를 건네줄 때 손잡이 부분을 상대에 내미는 것처럼 받은 명함을 바로 읽을 수 있도록 방향을 정해서 전달하면 된다.

넷째, 명함을 건네면서 이름을 한 번 말해주면 기억에 남길 수 있어 좋다. "이동조라고 합니다. 잘 부탁드립니다." 그러면 상대가 "아, 이동조 대표님이시군요. 반갑습니다." 하면서 관계를 자연스럽게 시작할 수 있다.

다섯째, 이동 중에 명함을 교환할 때는 상대 명함을 받자마자 바로 뒷주머니나 안주머니 혹은 지갑에 넣는 것은 실례가 될 수 있다. 손에 잘 들고 있거나 자연스럽게 상위 주머니에 넣거나 헤어진 다음, 지갑에 넣어 보관한다. 손에 들고 잠깐 담화를 나눌 때 명함을 자신도 모르게 뱅글뱅글 돌린다거나 명함을 가지고 튕기는 등

회사에서는 안 가르쳐주는 업무 센스

손장난을 치지 않도록 주의한다.

여섯째, 미팅할 때 앞으로 자리에 앉아 대화를 나눌 때는 의자에 앉은 후 받는 명함을 책상 위에 잘 보이도록 놓는다. 여러 명의 명함을 받으면 자리 배치와 맞게 명함들을 순서대로 배치해 미팅하는 과정에서 누가 누구인지 계속 확인하고 이름과 직함을 불러주면서 미팅을 진행하면 좋다. 처음 만났지만, 앞에 배치한 명함을 보면서 대화할 수 있다. 앞서 설명한 간단한 명함 예절만 잘 지켜도 상대는 당신을 오래 기억할 것이다.

4장

조직문화 이해 기술

- 건강하고 행복한 조직을 만드는 방법

회사라는 조직을 이해할수록 자신이 어떤 역할을 수행해야 하며, 어떤 방식으로 소통해야 하며, 어떤 결과물을 만들어내야 할지를 깨닫게 된다. 그리고 조직을 이해하기 위한 첫단추는 '조직문화의 이해'다. 조직문화에 따라 '혁신적인 조직' '체계적인 조직' '보수적인 조직' 등 추구하는 일의 방식과 가치가 달라진다. 따라서 일잘러는 완벽히 조직문화를 이해하고, 그 조직문화에 맞추어 '일하는 방식' '소통하는 방식' '성과를 내는 방식'을 결정한다. 성별 차이, 세대 차이, 가치관 차이 등 여러 차이를 보이는 사람들이 한데 모여 최고의 결과물을 내야 하는 회사에서 일잘러가 알아야 할 조직문화 정보를 이번 4장에 정리해 보았다.

+ 56. +

헷갈리는 핵심 역량과
핵심 가치 파악하기

내가 다닐 회사가 어떤 비즈니스를 하는지는 바보가 아닌 이상 알 것이다. 어떤 일을 해서 어떻게 돈을 버는지는 눈으로도 확인할 수 있다. 그러나 그 일을 어떤 목표 의식과 어떤 가치철학으로 하는지는 보이지 않으니 직원조차 잘 모른다.

회사에서 롱런하는 일잘러가 되려면 회사의 존재 이유와 회사가 일하는 방식에 대해서 알아야 한다. 그건 항해를 출발할 때 배의 목적지와 항로를 파악해 두는 것과 같다. 항해를 시작할 때 선장과 선원 모두 목적지를 알고, 이 배에 무엇이 실려 있으며, 어떤 항로로 갈 것인지, 각자 역할은 무엇인지 다 공유하게 된다.

이것들이 회사로 치면 'CCMV'에 해당한다. 조직의 'CCMV'란 핵심 역량Core Competency과 핵심 가치Core Value, 미션Mission, 비전Vision

의 영어 첫 글자를 합친 것이다. 여기서 핵심 역량은 기업에서 특히 뛰어난 요소를 의미하며, 핵심 가치는 기업이 중요하게 여기는 가치관을 나타낸다. 미션과 비전은 기업의 현재 역할이나 사명과 장기적인 목표를 각각 정의한다.

이런 내용은 보통 회사 소개자료나 홈페이지에 정리되어 있다. 만약 없는 경우에도 하나씩 직접 파악해 나가면 앞으로 이 회사에서 일하는 데 길잡이가 되어 준다. 헷갈리기 쉬우므로 구분해 알아두자. 가상의 기업을 예로 설명하면 다음과 같다.

항목	내용	체크포인트
핵심 역량	우리 회사가 가장 잘하는 비즈니스 강점은 무엇인가?	우리 기업의 핵심 역량은 인공지능 의료분야 웨어러블 기술력이다.
핵심 가치	우리 회사가 중요하게 생각하는 경영철학과 가치는 무엇인가?	우리 기업의 핵심 가치는 성실성, 혁신, 팀워크다.
미션(사명)	우리 회사가 존재하는 이유와 기본적인 목적은 무엇인가?	우리 기업의 미션은 혁신적인 의료 솔루션을 제공해 인간의 생명을 지키고 고객의 가치를 극대화하며, 동시에 지속 가능한 사회적 책임을 이행하는 것이다.
비전	우리 회사가 사명을 향해 달려갈 때, 10년 후 어떤 회사가 되어 있는가?	우리 기업의 비전은 미래의 지속 가능한 성장을 이끄는 글로벌 리더다.

회사에서는 안 가르쳐주는 업무 센스

+ 57. +
조직문화
이해하기

최고의 일잘러도 이직 후 다른 기업에 가서는 낮은 평가를 받기도
한다. 개인과 회사의 '궁합'이 맞지 않을 수 있기 때문이다. 사람도
개개인의 가치관이나 개성이 서로 다른 것처럼 기업들도 고유한
조직문화를 지니고 있다.

조직문화는 조직 내에서 공유되는 가치, 믿음, 행동 양식, 규칙
등이 결합한 것으로, 구성원들 간의 상호작용 방식과 조직의 업무
방향을 결정한다. 이는 마치 조직의 '성격'이라고 생각할 수 있다.
간단한 비교 예시를 통해 두 기업의 조직문화를 이해해 보자.

특성/기업	A 기업 (열린 소통 중시 조직문화)	B 기업 (혁신과 실험 중시 조직문화)
가치 강조	열린 소통, 조직의 팀워크 강조	혁신과 실험을 중시, 자유로운 시도와 아이디어 강조
문화의 특징	열린 문화, 상급자의 문 열려 있음	빠른 의사결정과 유연성, 실험과 혁신을 즐기는 환경
팀워크 및 협업	긴밀한 상호 의사소통, 팀 간 협력 강조	열린 협업, 다양한 시각과 아이디어 수용
자율성 및 책임	안정적이고 투명한 환경, 팀 간 신뢰 높음	자율성 부여, 새로운 시도에 대한 책임 부여

성장과 학습	팀 간 신뢰를 기반으로 안정적인 환경 조성	실험과 혁신을 통한 도전으로 학습과 성장을 촉진
직원 의식과 문화	일과 삶의 조화 중시	도전과 집중

이 표를 통해 A 기업과 B 기업은 각자의 가치와 목표에 따라 다른 조직문화를 형성하고 있다는 사실을 알 수 있다. 정리하자면 A 기업은 대체로 안정적이고 협력적인 환경을 중시하고, B 기업은 혁신과 실험을 과감하게 진행하며 도전을 중시하고 자율성을 강조하고 있다.

핵심 역량과 핵심 가치, 비전, 미션을 뜻하는 CCMV가 기업의 육체라면, 조직문화는 기업의 정신에 해당한다. 직장인의 개인 역량은 몸담은 회사나 조직의 문화에 큰 영향을 받는다. 기업의 육체와 정신을 잘 이해하고 있다면 우리는 그 기업 조직문화에 맞게 훨씬 더 좋은 능력을 발휘할 수 있다.

+ 58. +

조직문화에
빠르게 적응하는 법

'말' 위주로 소통하는 회사도 있고 '문서' 위주로 소통하는 회사도 있

회사에서는 안 가르쳐주는 업무 센스

다. 회사에 따라 일잘러의 소통 능력도 달라진다. 언어표현 능력자와 문서 활용 능력자는 회사의 주 소통 방식에 따라 다른 평가를 받을 것이란 이야기다. 자신의 재능과 강점이 잘 드러나는 조직문화에서 일하면 당연히 일잘러가 될 가능성이 크다. 그러나 반대 경우라면 같은 능력을 펼치고 있음에도 직장생활을 하는 동안 저평가를 받을 수 있다.

만약 조직문화가 자신과 잘 맞지 않는다면 몇 가지 주의점이 있다. 먼저 주변 동료들에게 불만을 토로하거나 비판하는 건 매우 신중해야 한다. 조직문화의 좋고 나쁨을 개인이 판단을 내리긴 쉽지 않기 때문이다.

"절이 싫으면 중이 떠나야 한다"라는 말이 있듯이 개인이 조직문화를 바꾸기는 쉽지 않다. 그래서 최대한 조직문화에 빠르게 적응해야 한다. 자신이 다니는 회사가 어떤 소통 방식을 좋아하는지, 어떤 것을 중요하게 여기며 업무를 수행하는지를 알아내기 위해서는 조직문화가 중시하는 요소를 빨리 알아채고 내가 진행하는 업무 과정에 적극적으로 반영하는 것이 좋다.

신입사원이 조직문화에 빠르게 적응하는 데 도움이 될 수 있는 단계별 노하우를 정리해 보았다. 여전히 조직문화에 녹아들지 못했다면 단계별 내용을 읽어보며 조직문화에 빠르게 적응해 보기를 바란다.

단계별 준비 사항	내용
1단계: 조직문화 탐색	- 입사 전에 기업의 웹사이트, 사내 블로그, 소셜 미디어 등을 통해 기업의 가치, 문화, 비전 등을 조사 - 조직문화에 대한 기본적인 이해를 바탕으로 자신의 기대와 목표를 설정
2단계: 조직의 소통 방식 분석	- 조직이 선호하는 소통 방식을 이해 - 조직이 선호하는 방식으로 상사, 동료, 선배 등과 소통을 적극적으로 시도 - 사내 다양한 사람들과 네트워크를 확장하고 소속감을 높이기 위한 다양한 소통 경로 활용
3단계: 학습과 교육 참여	- 회사가 제공하는 교육 프로그램 참여를 통한 기업의 업무처리 방식, 가치, 정책 등을 학습 - 경력직이나 선배자의 멘토링과 질의응답을 통해 조직의 미묘한 부분까지 이해하고 조직문화에 적응
4단계: 참여와 기여	- 프로젝트 참여를 통한 부서 및 업무 경험을 쌓으면서 조직문화를 몸소 체득
5단계: 피드백 수용과 개선	- 피드백을 통한 자기 성장을 이루면서 조직문화에 대한 이해를 깊이 있게 확장 - 어떤 부분에서 어떤 피드백을 받았는지를 분석하고 개선을 통한 조직 내에서의 더 나은 성과 창출

처음부터 자신에게 맞는 조직문화를 만나기는 쉽지 않다. 대부분 오랜 세월 조직문화에 적응하며 성장해 갈 것이다. 당신도 조직에서 요구하는 기본 능력과 마인드를 천천히 학습하면 조직문화를 이끌어가는 일잘러가 되어 능력을 키울 수 있다.

조직에서
소통이 어려운 이유

회사에선 늘 '소통'을 강조한다. 대기업에 강의하러 가든, 연구소나 대학에 강의하러 가든, 정부나 공공기관에 강의하러 가든, 귀에 못이 박히도록 가장 많이 듣는 이야기가 "서로 소통이 안 되어 힘들다"라는 것이다.

조직에서 수많은 보고와 소통 시스템을 구축하고 보고와 소통 매뉴얼을 활용하지만 그래도 소통이 안 된다고 '모든 조직'의 '모든 구성원'이 이야기한다. 그런데 왜 이런 현상이 반복될까? 먼저 소통이 무엇인지 알아보자. 나는 크게 세 가지 종류의 소통의 형식이 있다고 정리한다.

1) 완전한 소통: 보이지 않는 '입력' 영역(배경, 의도, 방향, 의미, 관계와 상호작용 등) + 보이는 '출력' 영역(언어, 글, 수 등 표현과 전달 도구)
2) 불통: 언어, 글, 수 등 표현과 전달 도구가 없음
3) 불완전 소통: 보이는 '출력' 영역(언어, 글, 수 등 표현과 전달 도구)은 전달되지만 '입력' 영역을 놓침

일단 효과적인 의사소통이 부재하거나 부족할 때, 정보가 흐르지 않은 건 당연하다. 이것이 2) 불통이다. 불통은 겉으로 금세 드

러나 문제가 명확하다. 그러니 이 문제는 간단하게 불통을 소통으로 바꾸어 주면 된다. 하지만 진짜 문제는 일상적인 소통이 일어나는 것 같은데, 어딘가 부족하다고 느낄 때다. 3) 불완전 소통이다. 진짜 조직의 소통 문제는 이런 '불완전 소통'으로 발생하는 경우가 대부분이다.

소통은 정보가 저절로 전달되게끔 하는 게 아니다. 사람 간에 기본적으로 세팅된 '오해'라는 초기설정값을 '이해'로 바꾸는 과정이 바로 진정한 소통이다. 다시 말해 1) 완전한 소통의 초기설정값이 구조적으로 어렵게 세팅되어 있다는 사실을 아는 것에서 소통을 시작해야 한다는 뜻이다. 이런 소통의 어려움과 한계를 인정하고 받아들여야 우리 인간은 메시지를 더 명확하게 전달하려고 애쓰게 되고, 구조적으로 더 완전한 소통 모델을 찾아 나서게 된다.

그렇다면 조직에서 소통을 어렵게 만드는 구조적 초기설정값은 무엇일까? 나는 두 가지 한계에서 답을 찾았다. 하나는 언어의 한계이고 다른 하나는 전체와 부분에 대한 인식 한계다.

언어모델의 한계

인간의 언어모델은 생각하는 바와 마음의 모든 것을 다 표현할 수 없다. 말하는 자와 듣는 자 사이에 오가는 언어는 표현된 일부 내용만을 전달한다.

회사에서는 안 가르쳐주는 업무 센스

전체와 부분에 대한 인식 한계

일은 대부분 보이지 않는 영역과 보이는 영역, 기획하고 창의하는 잉태 부와 겉으로 산출되는 출산부로 구성되어 있다. 그러나 인간의 뇌는 보이지 않는 영역과 잉태 부는 간과하고 대개 보이는 영역, 출산부의 부분, 결과, 낱개 정보, 고정관념 중심, 자기 경험 중심으로 인식하기 쉽다.

다시 정리하면 사람과 조직은 즉각 ① 완전한 소통이 되길 바라지만 현실적으로는 ② 불통 단계 → ③ 불완전 소통 단계 → ① 완전한 소통 단계로 회사의 소통 방식이 나아갈 때 좋은 소통 문화를 만들어 갈 수 있다. 그러니 '불완전 소통 단계'를 정확하게 이해하고 언어 한계와 인간의 인식 한계를 냉철하게 직시해 완전한 소통으로 한 걸음씩 나아갈 수 있도록 소통 문화를 발전시키는 것이 중요하다.

+ **60.** +

성과를 내는
조직문화 만들기

임직원들이 합심해 좋은 조직문화를 만들어 가는 것은 매우 중요하다. 회사는 일하는 곳이고, 성과를 내는 곳이다. 결국 성과를 내도록 지원하는 조직문화가 가장 좋다. 아무리 좋은 조직문화가 있어도 성과가 따르지 않으면 아무 소용이 없다.

어떻게 하면 성과를 내는 조직문화를 만들어 갈 수 있을까? 먼저 각 개인과 팀에 명확하게 정의된 목표를 제시하고, 성과를 측정하며 지속해서 평가하는 것이 가장 중요하다. 당연히 우수한 성과를 끌어낸 개인 및 팀에 공적으로 인정과 보상을 제공하며 성과를 증명하는 체계를 구축해야 한다.

여기서 무엇보다 중요한 점은 열린 소통과 업무에 대한 자율성을 존중하는 것이다. 직원들이 주인의식을 갖고 일할 수 있도록 업무에 참여시키고 아이디어를 자유롭게 제안하도록 장려해야 한다. 당연히 좋은 제안을 낸 직원에게는 반드시 그에 상응하는 보답으로 시상해야 한다.

이 외에 업무 성취에 필요한 사내교육 프로그램을 제공하고, 직원들에게 새로운 기술과 역량을 개발하는 기회를 제공하는 것도 도움이 된다. 앞에서 두 가지 조직문화를 설명했듯이 성과를 내는 조직문화도 두 가지로 구분할 수 있다. 하나는 강력한 연대를 강조하는 '열린 소통 중시' 조직문화이고 다른 하나는 적극적인 참여를 중요시하는 '혁신과 실험 중시' 조직문화다. 두 조직문화의 특징을 표로 정리해 보았다.

회사에서는 안 가르쳐주는 업무 센스

조직문화	열린 소통 중시	혁신과 실험 중시
의사결정과 소통	- 열린 소통과 투명성을 강조해 신뢰 증진	- 빠른 의사결정과 유연성을 통한 실험과 혁신 촉진
피드백 장려	- 정기적인 피드백을 통한 성과 향상	- 실험의 실패를 긍정적으로 다루고 학습으로 전환
자율성과 참여	- 직원들에게 참여와 의견 제시를 촉진과 시상	- 직원들에게 자율성을 부여하고 실험에 적극 참여
팀 빌딩과 다양성	- 다양성을 존중하고 팀 빌딩 활동을 통한 소속감 증진	- 다양한 배경과 경험을 가진 인재들과 상호작용을 유도하고 다양성 강화
학습과 성장	- 교육 프로그램을 통한 지속적인 학습과 업무역량 성장 촉진	- 새로운 기술과 트렌드에 대한 지속적인 학습 지원

회사의 분위기, 일하는 방식, 목표 등을 정의할 수 있는 조직문화는 혼자 만들 수 없다. 신입사원부터 CEO에 이르기까지 모든 구성원이 함께 만들어가는 것이다.

개개인의 의지와 제안, 참여에 따라 조직문화는 얼마든지 변할 수 있다. 성과를 내는 조직문화를 만들고 성과를 골고루 나누는 조직문화를 지향하자. 구성원 모두가 마음을 모아가는 것이 성과를 내는 조직문화 창조의 출발점이다.

+ 61. +

회사 조직도를 보면
알 수 있는 것

비즈니스 컨설턴트 마이클 거버^{Michael Gerber}는 일이 제대로 작동되기 위해서는 반드시 '사업가' '관리자' '기술자'라는 3명의 주연 배우들이 필요하다고 이야기했다.

사업가는 집 한 채를 지으면 곧바로 다음 집을 지을 계획을 세우지만, 관리자는 집 한 채를 짓고 그 안에서 영원히 산다.

관리자는 사업가가 만들어 놓은 것을 정리하기 위해 존재한다. 사업가가 없다면 그가 할 일은 없을 것이다. 사업가 없이는 혁신이 없지만, 관리자 없이는 조직이나 기업이 존재할 수 없다.

기술자는 무언가를 직접 실행하는 사람이다. 기술자에게는 눈앞에 놓인 일 이외의 생각은 낭비다. 그래서 그는 고상한 이상이라든지 추상적인 개념에 대해 회의적이다.

마이클 거버는 이 3명의 주연 배우를 소개한 뒤, 비즈니스 활동에는 반드시 각자의 시각과 역할이 있다고 정리했다. 어떤 조직의 현재와 미래를 제대로 알고자 한다면 그 회사의 사업가, 관리자, 기술자가 누군지를 파악하면 된다. 즉 우리 사회를 알고 싶거나 나와 중요한 파트너십을 가질 회사를 분석해 보고 싶다면 회사의 조직도를 살펴보고, 조직 구성원들이 어떤 역할을 담당하는지 파악하면 된다. 가장 기본적인 회사 조직 구성도를 예시로 정리해 보았다.

> **회사 조직 구성도 예시**
>
> · 대표이사(사장): 경영 총괄 의사결정
> · 기획팀: 사업기획, 마케팅, 경영 전략 검토, 사업 투자
> · 관리팀: 일반 관리업무, 인사, 회계, 교육
> · 품질관리팀: 품질관리, 검사, 시험
> · 제조팀: 생산, 공정관리, 설비관리
> · 영업팀: 수주관리, 납품 관리, 고객센터, 신규영업

만약 신입사원이라면 가장 먼저 우리 회사나 조직에 있는 '사업가 역할'과 '관리자 역할' '기술자 역할'을 담당하는 3명의 주연 배우를 찾아보자. 그리고 그 아래로 어떤 조직원들이 어떻게 역할 분담을 하고 있는지를 파악해 보자. 그러면 일이 창조되는 전체 프로세스와 조직의 시스템을 훨씬 쉽게 파악할 수 있을 것이다.

+ **62.** +

싫은 상사와
일 잘하는 법

회사에서는 다양한 사람이 있다. 그러나 내가 함께 일할 구성원들을 선택할 수는 없다. 그러다 보니 종종 정말 싫은 사람과 함께 일할

수 있다. 그 싫은 사람이 상사라면 회사 생활이 정말 쉽지 않다.

그렇다고 회사를 무작정 박차고 나갈 수는 없다. 개인적 성격이나 의사결정 방식이 맞지 않는 때도 있지만, 조직문화에 따라 평가는 달라 수 있다. 하지만 회사에서 '직원들이 대체로 싫어하는 선배의 유형'은 어느 정도 정해져 있다.

나쁜 상사 유형	주요 특징
신경질적인 선배	매사 예민하고 신경질적이다. 쉽게 짜증 내고 감정 통제가 안 되며, 말을 함부로 하는 상사와는 대화 자체가 힘들다. 무례하고 언어 교양이 없는 사람은 대부분 '메타인지(자기 객관화)'가 불가능하다.
마이크로 매니저형 선배	모든 결정과 업무에 대해 지나치게 세세하게 간섭하고, 큰 숲이 아니라 사소한 나뭇가지, 이파리 하나하나에 과도한 집착을 보이며 자신의 존재감을 드러내려 한다. 후배를 믿지 못하며 직원들에게 '권한' '자율성'을 주지 않는다. 자신의 판단만 절대적으로 옳다고 여기며 일방적으로 강요해, 직원들의 창의성과 주도성을 억누르는 경향이 있다.
커뮤니케이션 부재 선배	중요하고 핵심적인 정보를 공유하는 것에 소홀한 유형이다. 무엇이 중요하고 덜 중요한지, 무엇이 핵심적이고 부수적인지 판단을 못 하며 소통이 부족하고 정보를 제때 전달하지 않는다.
불명확한 지시 선배	업무 목표나 기대치를 명확하게 전달하지 않는 유형이다. 불완전한 소통 방식을 사용해 직원들은 업무에 대한 방향을 이해하기 어렵고, 목표를 달성하기 어렵다.
직원을 믿지 않는 선배	직원들에게 신뢰를 주지 않고, 업무를 맡기지 않는 유형이다. 직원들은 자신의 역량을 인정받지 못해 만족도가 낮아지고, 창의성이 저하될 수 있다.

회사에서는 안 가르쳐주는 업무 센스

문제, 갈등 회피 선배	다른 부서의 일거리를 다 받아 팀원들의 업무 과부하를 만들기 쉬운 유형이다. 갈등을 해결하거나 대면하는 것을 피하기 때문에 갈등이 미해결 상태로 남아 협업 환경을 구축하기 어려울 수 있다.

회사에서 싫은 유형의 선배를 만날 수 있다. 물론 내가 싫어하는 스타일의 선배라도 조직에 많은 성과를 가져올 수 있다. 따라서 자신과 안 맞는 선배와 일 잘하는 요령을 알아두면 좋다. 다음에 소개하는 몇 가지 방법은 기억해 둘 필요가 있다.

1) 냉정한 감정 관리: 자신과 성향이 맞지 않는다는 생각이 들면 일단 냉정하게 업무 위주로 상대하는 것이 좋다. 선배의 신경질적인 짜증이나 부정적인 행동에 감정적으로 반응하지 말고, 일의 어디가 어떻게 문제가 있는지 구체적으로 질문하고 전략적으로 대응한다.

2) 자기 관리와 주도성: 자신이 주도적으로 일하는 게 좋다. 상사의 지시가 많아지면 스트레스도 증가할 수밖에 없다. 자신의 업무를 잘 관리하면 선배에 대한 의존도가 낮아질 수 있다.

3) 명확한 의사소통: 의사소통이 부족하다면, 명확한 정보와 지시를 요청한다. 불분명한 상황에서 오해가 생길 수 있으므로 의문스러운 점은 미리 확인해 해소한다.

4) 적절한 피드백 요청: 개선이 필요한 부분이 있다면 선배에게 조언을 구한다. 개선 사항에 대한 구체적인 정보를 얻어 더 나은 성과를 내

기 위해 노력한다. 그런 노력 자체가 선배의 신뢰를 얻는 데 도움이
된다.

+ 63. +

동료에게 힘을 주는 말,
사기를 꺾는 말

말 한마디로 천 냥 빚을 갚는다는 말이나 칭찬은 고래도 춤추게 한
다는 말이 있다. 반대로 말이 입힌 상처는 칼이 입힌 상처보다 깊
다는 말도 들어봤을 것이다.

직장생활에서 동료나 상사, 후배 직원과 어느 정도 인간적인 관
계를 맺는가는 전적으로 본인의 자유다. 하지만 기왕 함께하는 일
이라면 격려하고 함께 성장하는 언어를 선택하는 것이 좋다고 생
각한다. 하루 대부분을 동행하는 회사원들에게 힘을 주고받으면
그보다 좋은 일이 어디 있을까? 무엇보다 건강한 동료 관계를 유지
하는 것이 직장생활에서 인간관계로 인한 스트레스를 줄이고 일
자체에 몰입할 수 있다.

나는 스카우트와 함께 직장인 666명을 대상으로 '동료에게 힘
을 주기 위해 가장 즐겨 사용하는 말'에 대해 설문 조사를 기획해
진행한 적이 있다. 그 결과 1위는 '다 그래. 너만 실수하는 거 아냐'
(32.73%)로 주로 상대방의 실수에 대해 다독여 주는 말을 가장 많이

사용하고 있는 것으로 조사되었다.

또한 '이만하면 되었어, 충분해'(14.41%), '역시 최고야'(13.51%), '한 번에 바로 성공하면 재미없잖아'(13.21%), '원래 잘하는데, 뭐'(12.91%), '괜찮은데'(10.81%) 등을 많이 사용한다고 답했다.

평소 직장 동료에게 힘을 주는 말, 사기를 꺾는 말 몇 가지는 기억해 두자. 일할 때 들으면 기분 좋은 말을 나도 다른 동료에게 의도적으로 가끔 돌려주자. 내 사기를 꺾는 말은 아무리 화가 나더라도 동료에게 사용하지 말자. 단순히 말에 그치지 않고 '직장 내 괴롭힘' 등 분쟁 거리가 될 수 있다.

+ **64.** +

자기중심적 사고에 빠진
직원에게 해줄 조언

인간은 누구나 세상이 자기 기준으로 돌아간다고 생각하는 경향이 있다. 자기 지식, 자기 경험, 자기 가치관, 자기 프레임 안에서 이해하고 판단하는 경우가 많기 때문이다.

예를 들어 친구나 대학 동기들은 다양한 군 생활을 했다. 육해공 출신도 있고 행정병도 있고 철책 수색병이나 지역방위병(요즘의 공익근무요원과 비슷하다)도 있었다. 제대 후 술자리에서 만나면 모두 자신이 제일 힘든 군 생활을 했다고 열변을 토한다.

세상에는 수많은 변수가 작동하는 영역이나 객관적인 비교 평가가 불가능한 분야가 수두룩하다. 정치 분야나 주식투자 같은 게 그렇다. 이럴 때 인간은 대부분 자기중심 기준으로 판단하며 자신이 가장 옳다는 신념을 갖게 된다. 누구나 자신이 정치 고수임을 자부하며 정치 훈수 두길 좋아하고 주식투자 고수처럼 설명하거나 성공한 무용담을 풀어놓는 게 바로 이런 이유다.

회사 생활을 하다 보면 '자기중심적 사고'를 지닌 사람을 많이 만난다. 이러한 사람들은 스스로를 매우 합리적이고 일도 매우 잘하고 있다고 믿고 있다. 지금보다 더 합리적인 의사결정, 더 잘하는 방법, 더 좋은 생각, 더 효율적인 판단, 더 뛰어난 솔루션, 더 나은 선택이 있다는 사실을 간과한다.

'더닝-크루거Dunning-Kruger 효과'라는 개념이 있다. 이는 어떤 분야에서 능력이 부족한 사람들이 자신의 능력을 과대평가하는 현상이다. 한번은 이런 일이 있었다. 한 직장 후배는 업무에 필요하다며 '저작권'에 대해 공부를 하더니 이렇게 말하는 것이었다. "제가 저작권 법률 분야에 소질이 있는 것 같아요." 이 말을 들은 나는 후배에게 왜 그렇게 생각하냐고 물었다. 그러자 후배가 이렇게 답했다. "아, 며칠 공부해 보니 저작권에 대해 빠삭해졌어요." 나는 속으로 '10년을 넘게 저작권 기준을 연구해도 저작권 문제로 골치 아픈데?'라고 생각하며 "그래? 열심히 공부해 봐"라고 말해주었던 기억이 있다.

새로운 주제에 대해 처음 알게 된 사람들은 종종 자신의 지식을

회사에서는 안 가르쳐주는 업무 센스

과대평가하기 쉽다. 자신의 지식이 어느 정도 수준인지 객관화가 되어 있지 않기 때문이다. 실제로는 그 분야에 대한 깊은 이해가 아닌 겉핥기 정도에 불과한 경우가 많다. 전문가도 별반 다르지 않다.

이 외에 자기 인식이 부족한 사람들 역시 자신의 사회적 상황 판단이나 대인관계에서의 능력을 과대평가할 수 있다. 목표지향적일수록, 성공을 많이 한 경험이 있어서 자신감이 클수록, 자신이 잘 안다고 믿은 정보와 직접 경험한 것을 맹신할수록, 반성적 사고가 부족할수록 자기 확신에 빠질 가능성이 커지는 경향이 있다.

혹시 나 자신이 지금 자기중심 사고에 빠져 있는 건 아닌지 어떻게 알 수 있을까? 물론 '자기중심이 잘 잡힌 사람'은 해당하지 않는다. 본인, 타인, 상황을 동시에 객관화해 자존감을 토대로 외부 기준이나 판단에 흔들리지 않는 사람은 해당하지 않는다는 뜻이다.

즉 열등감이나 방어기제로 내 감정에 판단 근거를 두는 자기중심 사고의 소유자가 우물 안의 개구리가 되기 쉽다. 내가 최선이라고 생각하는 이것보다 더 나은 방식이나 도구가 어딘가에 있는 건 아닐까? 내가 지금 일을 효율적으로 혹은 혁신적으로, 창의적인 방법으로 하는 것일까? 매 순간 이런 식으로 자기반성적 사고와 점검이 필요하다.

자기중심적 사고에 빠진 직원에게 해줄 조언이 있다. '아웃 오브 박스Out-of-Box'를 생각해 보라는 것이다. 이는 일반적이고 박스 안에 갇힌 정형화된 사고방식이나 인식을 깨고 다른 관점으로 다르게 접근해 보는 사고법이다. 내가 직장생활을 하는 동안 자기중심적인 사고에서 벗어나기 위해 항상 사용했던 몇 가지 '아웃 오브 박스 사고법'을 소개한다.

아웃 오브 박스 사고법	내용
보이는 것에서 보이지 않는 것으로	- 이 일의 보이지 않는 배경이나 환경, 전제조건은 무엇이지?
평면적인 것에서 입체적으로 것으로	- 이 일과 밀접하게 관련한 다른 일과 돌출 요소는 무엇이지?
부분적인 것에서 종합적인 것으로	- 이런 데이터들 속에는 어떤 연결이 숨어 있는 것일까?
인식하는 정보에서 창조하는 프로세스로	- 정보나 현상을 인식하는 데 그치지 않고 그 정보와 현상을 만들어 내는 물리적인 창조 과정 자체를 들여다본다면 어떨까?
현재 시점에서 기승전결 시간적 흐름의 시점으로	- 현재 이 일은 앞으로 어떤 시나리오로 흘러갈까?
나의 시선에서 '타인'의 시선으로	- 내 시선이 아니라 내가 만약 상대 입장, 그가 놓인 상황과 처지에서 '빙의'해 본다면 어떤 의사결정을 하게 될까?

물론 자기 기준이 분명한 것도 장점이 있다. 패기나 용기를 갖게 하고 추진력을 높여 목표 달성력을 높일 수 있다. 자신감과 자존감을 형성하는 기본 토대가 되기도 한다.

하지만 여러 변수나 새로운 돌발상황에선 대응력을 떨어뜨려

회사에서는 안 가르쳐주는 업무 센스

협업을 방해하고, 더 나은 방법을 획득하는 것을 방해하기도 한다. 그러다 보면 우물 안 개구리가 되고 주변 동료들로부터 고립되기 쉽다. 그래서 중요한 의사결정을 할 때는 지금 하는 일에서 한발 물러나 일 전체를 조망해 보는 자기 객관화 과정이 필요하다.

+ 65. +

퇴사하려는 직원에게
해줄 조언

회사 생활을 하다 보면 누구나 어려운 상황을 맞이할 수 있다. 하는 일이 너무 어렵거나 너무 많은 업무를 혼자 감당해야 할 수도 있다. 인간관계나 조직문화가 정말 안 맞을 수도 있고, 회사에서 비전을 찾을 수 없다고 여길 수도 있다.

후배들이 때때로 "일은 재미있는데 선배 때문에 힘들다"고 투덜거릴 때 나는 농담 삼아 "월급의 50%는 힘들게 일한 대가이고, 나머지 50%는 사람 때문에 힘들었던 대가"라고 위로하곤 했다. 일하면서 사람들에게 받은 스트레스가 월급의 50%를 차지할 만큼 비중이 크다는 의미를 전하고 싶었다.

어쨌든 어떤 이유로 "이 회사는 나랑 안 맞아"라고 느낄 때 무턱대고 사표부터 던지지 말라고 말해주고 싶다. 어떤 회사, 어떤 조직에 가든 지금만큼 일이 힘들고 어렵다고 느낄 수 있기 때문이다.

따라서 신중하게 다시 한번 퇴사 문제를 생각해 볼 필요가 있다. 냉정하게 현재 상황을 객관적으로 체크하는 과정이 있어야 퇴사 후에도 후회가 남지 않는다.

사실 회사에 지원할 때, 우리는 회사 이름, 업무 내용, 연봉만 보고 선택한다. 회사의 발전 가능성과 비전을 미리 알고, 회사 사람들의 성격이나 조직문화를 미리 파악하고, 업무강도를 완벽하게 확인하고 입사하는 게 아니다. 모든 회사의 채용은 '완벽하게 서로 맞는 관계'의 직원을 뽑는 게 아니라 '잘 맞추어 갈 수 있는 관계'의 직원을 뽑는 과정이다.

이를 다르게 설명하면 이 회사나 다른 회사나 '나에게 완벽한 회사'란 세상에 없다는 이야기가 된다. 퇴사에 신중해야 하는 것도 이런 이유 때문이다. 퇴사를 고민한다면 대개 세 가지 유형으로 나누어 생각해 볼 수 있다. 퇴사를 고심하는 유형별로 다음과 같은 질문을 본인에게 던져보고 최종 결정을 내렸으면 좋겠다.

유형	내용
인간관계와 조직문화가 안 맞아서	- 현재 잘 맞지 않더라도 조금씩 조직문화에 적응해 나갈 수는 없는가? - 상사와 면담을 통해 관계를 개선할 수는 없는가? - 인간관계보다 업무 중심으로 회사 생활을 지속할 수는 없는가? - 업무 부서 이동의 가능성은 없는가?

회사에서는 안 가르쳐주는 업무 센스

하는 일이 어려워서 또는 많아서	- 현재의 업무가 자신의 직업 목표 및 가치와 일치하는가? - 업무 스트레스나 위험도를 객관적인 수치로 평가해 보고 이를 극복할 대안, 도움을 받을 방법, 인사 담당자와 상담받을 방법은 없는가? - 인사팀장이나 대표와 면담을 통해 자신의 상황과 혼자 감당하기 어려운 업무량을 설명하고 업무 조정을 받을 수 있는 여지는 없는가? - 지금 어렵더라도 인내하면서 경력과 성장 기회로 삼아 현재 회사 승진, 아니면 다른 회사 이직에 차별적 경쟁력이 될 수는 없는가?
비전을 찾을 수 없다고 느껴져서	- 회사의 숨은 가치와 잠재력, 장기적인 비전을 내가 미처 발견하지 못한 것은 아닌가? - 회사의 비전과 상관없이 나에게 경험과 경력이 되는가? - 자신이 앞으로 회사의 성장과 비전에 영향을 미칠 수는 없는가? - 회사 생활하는 동안 업무 스킬을 배우고 자기 계발 기회로 삼을 수는 없는가?

이렇게 객관적인 평가와 함께 이직 가능성을 냉정하게 평가해 보는 게 좋다. 자칫 퇴직하고 나서 새로운 직장을 빠르게 구하지 못하면 현재보다 더 많은 고민과 고통이 몰려올 수 있기 때문이다. 물론 이 모든 체크리스트가 무의미할 정도로 힘들고 괴롭다면, 혹은 더 나은 대안이 없다고 확신한다면 최대한 빠르고 과감하게 그곳에서 탈출할 수 있도록 하자.

스마트한 후배 직원으로
인정받으려면?

신입사원이라면 반드시 지켜야 할 몇 가지 생활 수칙이 있다. 밝은 태도와 긍정적인 마인드를 유지하는 게 좋다. 시간 관리는 필수다. 출근과 마감은 칼같이 지키는 것이 좋다. 그리고 상황을 이해하고 꼭 필요한 질문을 적절하게 할 때도 선배들에게 좋은 인상을 줄 수 있다.

스마트하다고 평가받는 후배는 금세 여러 선배의 눈에 띌 수밖에 없다. 내가 생각하는 스마트한 후배란 '저 친구는 일을 깔끔하게 잘 처리하고 학습 능력이 뛰어나!' '지시한 내용에 대해 말귀가 밝아 금세 무슨 말을 하는지 알아들어!' '진행 상황을 수시로 공유해 예측을 가능하게 해 주고 결과물의 완성도가 높아!' 같은 평가를 받는 직원들이다.

이런 직원에게 일을 맡기면 걱정이 하나도 안 된다. 마음이 아주 편하다. 내 일도 바쁜데 후배에게 시킨 일까지 걱정하고 신경을 곤두세워야 한다면 그런 후배를 좋아할 선배는 없을 것이다. 스마트한 직원이라고 평가받을 수 있는 네 가지 능력이 있다. 이 능력을 구체적으로 정리해 보면 다음과 같다.

회사에서는 안 가르쳐주는 업무 센스

구분	내용
말귀가 밝아 금세 이해	- 회사, 부서, 팀이 진행하는 업무의 전체 숲을 미리 파악한다. - 상사가 하는 일의 전체를 미리 파악한다. - 상사가 고민하고 해결하고 싶은 문제와 필요한 것을 미리 이해한다. - 상사가 의도하는 목적과 예상하는 목표를 미리 파악한다.
진행 상황을 수시로 체크해서 공유	- 상사가 진행 상황의 궁금증, 걱정이 들기 전에 미리 상황을 알린다. - 단계별, 마감 시간, 완료 시간 등을 미리 공유한다. - 돌발변수, 변경 사항은 즉시 알린다. - 상사가 진행 상황을 물어보기 전에 수시로 상황을 공유한다.
완벽한 결과물	- 상사가 의도한 대로 보고서나 결과물이 목적에 맞게 정리한다. - 결과물의 완성도를 높이기 위해 새로운 기술적 기능, 이미지, 표 등을 활용한다. - 지시하지 않았지만 내용에 개인적 분석, 아이디어, 예측 등 의미 있는 방향을 제시한다.
학습 능력	- 모르는 것이 있으면 책, 질문, 유튜브, 연습 등을 통해 최대한 빠르게 학습해 명확하게 이해한다. - 선배가 한 번 가르쳐 준 것은 잊지 않고 다음부터는 정확하게 그 일을 가르쳐 준 대로 수행한다. - 선배가 가이드해 준 내용을 따르고 결과물을 만들어 오면 좋다. 만약 가이드해 준 대로 진행했는데 좋지 못한 결과가 나왔더라도, 최대한 가이드에 맞추어 일을 마친 후 더 나은 의견을 선배에게 제안하는 게 좋다.

후배는 상사의 마음을 편하게 해준다. 진행 상황에 대한 걱정이 들기 전에 업무 상황을 공유해 주기 때문이다. 물론 결과물도 대개

기대 이상이다. 스마트한 팀장이나 리더가 스마트한 직원을 만드는 경우가 많지만 스마트한 팀장이나 리더를 만나지 못해도 스스로 스마트한 직원이 되기 위해 자신만의 능력을 키워나가야 한다.

+ 67. +

스마트한 직장 상사로 인정받으려면?

일반 직장인들이 싫어하는 선배나 리더의 유형은 대부분 비슷하다. 몇 가지 유형으로 분류할 수 있다.

첫째 유형은 너무 감정적이고 신경질적인 사람이다. 이들은 종종 자기감정을 컨트롤하지 못해 말하면서 자기 분을 못 이겨 불같이 화를 낸다.

둘째 유형은 배울 게 없는 사람이다. 이들은 그 자리에 그 직위에 왜 있는지 무슨 일을 하는지 모르며, 아무런 의사결정도 하지 않고 아무런 책임도 지지 않는 타입이다.

셋째 유형은 자기 경험이나 노하우를 가르쳐 주는 것에 인색한 사람이다. 후배가 자신의 자리를 빼앗을지도 모른다는 위기감을 느끼는 타입이다.

후배들에게 스마트한 선배로 인정받는 방법은 무엇일까? 스마트한 선배란 '지시할 때 목표와 전제, 가이드라인을 명료하게 전달하고 일의 핵심을 딱딱 짚어 안내해주며 나를 성장할 수 있게 만든다라는 느낌이 드는 사람이다. 즉 스마트한 후배와 선배는 정확하게 동전의 앞뒷면이라고 보면 된다.

유형	내용
목표와 전제, 가이드라인이 뚜렷한 선배	- 방향이 잘못되거나 두세 번 일하지 않도록 해야 할 일의 목표, 전제, 가이드라인을 명확하게 이해하도록 업무를 지시한다. - 업무에 대해 어느 범위까지, 어떻게, 언제까지를 명확하게 지시한다. - 예상하는 과정과 목표를 미리 가이드한다. - 언어와 문서 등을 효과적으로 활용해 업무를 지시한다. - 듣는 이의 이해 수준을 간파해 재확인 과정을 진행한다.
핵심만 정리해 가이드하는 선배	- 일 처리 과정에서 예상되는 문제를 사전에 알린다. - 단계별로 진행 절차를 확인해 옆길로 빠지지 않도록 체크한다. - 돌발변수, 변경 사항을 대비할 수 있도록 예측해 알려준다. - 제안에 대한 거부, 비판, 문제 제기에만 그치지 않고 구체적 대안을 제시한다.
후배가 발전할 수 있게 해주는 선배	- 결과물에 대해 장단점을 객관적으로 명료하게 분석한다. - 원인이 무엇인지 정확하게 알린다. - 문제해결 방안에 대해 조언한다.

처음부터 일을 잘하는 사람은 없다. 아기도 걸음마 단계에서 서고 걷고 달리게 만드는 건 부모님이 옆에서 도왔기 때문이다. 스마

트한 선배가 스마트한 직원을 만든다. 먼저 우리가 스마트한 선배
가 되어야 한다.

후배 직원의 성과관리를
코칭해 주는 방법

그저 함께 일하는 직장 상사가 될 것인가? 아니면 도움이 되는 인
생 조언을 해줄 수 있는 특별한 선생님, 멘토, 선배가 될 것인가? 직
장생활에서 동료나 상사들과 깊은 인간적 유대관계를 맺기란 쉽지
않다. 일로 모였을 뿐 언제든 직장을 그만두는 순간 아무런 사이도
아닌 관계가 되기 때문이다.

그렇다고 직장 동료와 일만 하는 삭막한 관계로만 지낼 순 없다.
직장생활을 하는 동안만큼은 전쟁터에서 함께 싸우는 동지다. 함
께 밥도 먹고 술도 마시며 업무 스트레스도 풀고, 때론 일과 삶 전
반의 고민 상담도 할 수 있다. 결혼 ,아이의 탄생, 환갑 잔치 등의
집안의 대소사가 있으면 가장 열심히 챙겨주는 것이 직장 동료들
이기 때문이다.

선배는 후배와 좋은 인간관계를 구축할 필요가 있다. 후배와 좋
은 관계를 구축한다는 것은 앞서 설명한 대로 언제든 조언을 구할
수 있는 동지이자 생활 파트너를 얻는 길이다. 때론 평생의 좋은

협력자가 되기도 한다.

그렇다면 어떻게 선배와 후배는 좋은 관계를 맺을 수 있을까? 핵심은 '어떻게'보다 '언제'다. 그 '언제'는 신입사원으로 입사했을 때다. 우리가 신입사원일 때는 모든 것이 낯설다. 업무나 조직문화는 고사하고 비품실 이용이나 프린트 사용, 회사 문서양식 등 하나에서 열까지 전부 낯설다. 이럴 때 꼼꼼하게 하나하나 알려주는 선배는 신입사원에게 구세주와 같을 것이다. 그러면 그 신입사원은 해당 선배에게 마음의 문을 열고 회사 생활 내내 좋은 관계를 유지할 것이다.

이렇게 좋은 모습을 보일 수 있는 관계에서는 선배가 후배의 성과관리를 코칭해 주는 일도 자연스러워진다. 후배는 선배를 충분히 신뢰할 가능성이 크고 조언이나 충고를 긍정적으로 받아들이기 때문이다.

코칭이 거창한 건 아니다. 후배의 업무 목표를 체크하고 단계별 과정을 조언해 주면 된다. 여러 가지 문제를 사전에 대응할 수 있도록 가이드해 주고 특히 성과를 낼 수 있도록 지원하고 격려해 주자. 그러면 그저 그런 직장 선배가 아니라 특별한 업무적 스승이나 멘토의 관계가 형성된다. 그런 직장 내 멘토 관계가 되면 선배와 후배는 좋은 동료 관계를 오래 유지하며 즐겁게 일하고 함께 성장하며 오랜 인연을 이어갈 수 있다.

+ 69. +

다른 부서의 도움을
끌어내는 노하우

팀이나 부서 단위로 일하다 보면 부서 이기주의가 나타나기도 한
다. 부서 간 업무처리 방식이나 특징을 이해하지 못해 생기는 갈등
이 대표적이다.

가령 마케팅부 직원과 기술개발 담당 엔지니어는 자주 다툰다.
엔지니어와 마케팅부 직원은 서로 상식적인 이야기를 이해하지 못
한다고 생각하며 답답해한다. 사실 이건 누가 맞고 틀린 것이 아니
라 이해충돌 혹은 모순관계에 놓여 있을 뿐이다. 그러나 일은 언제
나 이해충돌을 해소하고 모순관계를 극복하는 방향으로 가야 가치
를 창조할 수 있다.

따지고 보면 마케팅부 직원은 현재 시장과 고객의 니즈와 요구
를 중심으로 사고하는 사람들이다. 그 사고가 그들을 존재시키는
본질적인 힘이다. 기술개발 담당 엔지니어는 현재의 기술력을 중
심으로 사고하는 사람들이다. 당연히 기술을 물리적인 현실로 실
현해 내는 것이 그들을 존재케 한다. 본질적인 힘이 서로 다르다.
그러니 각자의 업무 방향이나 가치관을 이해하지 못하는 것은 당
연한 이치다.

이렇게 자기 부서의 입장에 따라 발생하는 이해충돌을 어떻게
협의하고 조직의 성과로 이어지게 할 수 있느냐가 기업 가치를 창

회사에서는 안 가르쳐주는 업무 센스

조하는 핵심 비결이다. 그렇다면 다른 부서의 도움이 필요하거나 부서 간의 업무 갈등이 있을 때 어떻게 해결할 수 있을까? 몇 가지 팁을 정리하면 다음과 같다.

구분	내용
다른 부서의 도움을 끌어내는 노하우	- 타 부서가 어떻게 협력할 때 전체 회사의 목표에 어떤 이점을 얻을지에 대해 명확하게 정리해 커뮤니케이션한다. - 타 부서가 협력할 때 생길 수 있는 우려, 어려움, 한계를 역지사지해 고민해 보고 해결책을 사전에 제시한다. - 상호이익 성과공유 인지, 협조에 대한 '기브 앤 테이크' 등 필요한 협상안을 마련해 제시한다.
부서 간의 업무 갈등을 해결하는 노하우	- 팽팽한 갈등, 대립, 모순, 이해충돌이 있는 관계라면 둘을 중재할 제3의 객관적 기준, 사규, 사전 합의 매뉴얼을 찾거나 회사 측에 요구한다. - 부서장과 부서장의 합의가 불가능할 경우 그 위 상부의 개입을 요청해 중재하는 기준이나 합의 절차를 마련한다. - 대표나 회장 등 최고 의사결정자의 방향 제시, 회사의 상난기 비선을 제3의 기준으로 실정한 뒤 두 부서의 이해충돌이나 대립 관계를 조정한다. - 고객이나 소비자 중심을 기준에서 두 부서 의견을 통합한 창의적인 협력 방안을 찾아본다.

부서 간 이해충돌과 갈등을 원만하게 해소해 나가려면 평소 부서장 간의 효과적인 소통이 중요하다. 프로젝트 또는 목표 달성을 위한 계획을 투명하게 전달하는 것이 좋다. 특히 다른 부서에 해당

프로젝트의 중요성과 혜택을 명확하게 소개해 협조의 필요성과 공감대를 사전에 형성해 둘 필요가 있다. 여기에 더해 주기적인 회의를 통해 상호 의견 교환의 기회를 만드는 것도 중요하다.

+ 70. +

직장 내 차별 종류와
직원 간 지켜야 할 의무

인간 내면에 잠재한 무수한 차별의식이 존재한다. 인간은 타인과 비교하면서 자신의 사회적, 경제적 위치를 정하는 경향이 있다. 자신의 목표나 비전, 성취와 도전 과정을 통해 평가하는 사람도 있다. 하지만 타인과 비교 의식을 통해 자신이 정한 기준에 따라 계급을 나누고 높은 계급에 복종하고 낮은 계급에는 적대와 차별을 드러내는 사람도 참 많다.

회사에 존재하는 대표적인 차이는 무엇일까? 얼핏 떠오른 것만 정리해도 여러 가지다. 세대 차, 성별 차, 직위 차, 계약직과 정규직 차, 성격(감정형과 논리형) 차, 경험 차, 장애인과 비장애인 차, 노사 차뿐만 아니라 자신이 인식하지 못하는 사이 '차별 의식'을 드러내는 '미묘한 차별microaggression'도 있다.

때때로 우리는 일상에서 학습된 차별주의적 태도를 스스로 인식하고 자신의 언행이 차별적일 수 있음을 자각하지 못할 수 있다.

예를 들어 아시아계 미국인에게 "영어를 정말 잘하시네요"라고 이야기한다면 미묘한 차별이 된다. 아시아인은 영어에 유창하지 않고 다른 인종이라는 전제가 깔려 있어서 나오는 말이다. 스스로 자신이 쓰는 표현, 내가 사용하려는 말에 차별의식은 없는지 돌아볼 필요가 있다.

구분	내용
세대 차	- 자신과 생각과 경험이 다르다고 해서 다른 세대의 생각이나 경험을 차별하진 않았는가?
성별 차	- 자신과 성별이 다르다는 이유만으로 상대를 무시하거나 차별하진 않았는가?
직위 차	- 회사의 직위가 인간의 계급을 결정한다는 생각으로 직위가 낮은 사람을 무시하거나 차별하진 않았는가?
계약직과 정규직 차	- 계약직이라는 이유만으로 조직의 일원으로 받아야 할 정당한 처우에 소외하거나 차별하진 않았는가?
성격 차	- 자신의 성격과 다르다는 이유로 소외하거나 차별하진 않았는가?
경험 차	- 자신이 직접 경험했다는 이유로 모든 결과가 그럴 것이라는 일반화를 남에게 강요하진 않았는가?
장애인과 비장애인 차	- 장애인이라는 이유만으로 조직의 일원으로 받아야 할 정당한 처우에 소외하거나 차별하진 않았는가?
노사 차	- 노사 위치, 노사에 대한 시각이 다르다는 이유로 조직의 일원으로 받아야 할 정당한 처우에 소외하거나 차별하진 않았는가?

다문화 차	- 외국인 노동자, 다문화인이라는 이유로 조직의 일원으로 받아야 할 정당한 처우에 소외하거나 차별하진 않았는가?
종교 차	- 종교가 다르다는 이유로 조직의 일원으로 받아야 할 정당한 처우에 소외하거나 차별하진 않았는가?
이익 차	- 내 이익만을 추구하겠다는 욕망으로 다른 사람이 받아야 할 정당한 처우에 소외하거나 차별하진 않았는가?

교육받은 인간, 성숙한 사람, 지성인이 된다는 것은 저절로 되는 게 아니다. 이런 차별의식에 대해 스스로 성찰하고 주의를 기울이는 사람이 되어야 한다. 차별의식을 극복하는 사람은 다양한 사람의 힘을 끌어내고 그들과 협력해 창조적인 결과물을 낼 수 있다.

반대로 타인과 비교한 차별의식을 통해 자기 위치를 확인받고 자존감을 찾으려는 사람도 적지 않다. 전형적인 '서열 기반의 인간'형이다. 그들은 언젠가는 고립된다. 끝없이 차별의식으로 사람들의 힘을 제거하는 방식을 사용하기 때문이다.

인간의 존엄과 사람의 존재로서 차이를 인정받고 업무를 하는 것은 개인은 물론 조직문화 측면에서도 당연한 권리이자 의무다. 다름과 차이는 차별과 갈등을 낳을 수도 있고 다양성과 창의를 낳을 수도 있다. 차별과 갈등을 만드는 사람은 절대 훌륭한 리더가 될 수 없다. 다양성의 창의적인 연결과 창조를 만들어낼 줄 아는 사람이 승진도 빠르고 좋은 리더가 되고 나중에 일에도 성공한다는 사실을 명심하자.

+ 71. +

알아두어야 할
직장 내 성인지 체크 사항

직장 내에서는 정치나 종교 등 개인마다 달라질 수 있는 의견에는 중립적인 입장을 견지하는 게 좋다. 특히 남녀 성역할 등 예민한 사항에 대해서는 표현에 신중해야 한다. 요즘에는 일상 언어도 성역할 구분 표현에서 '성평등 언어'를 사용하는 방향으로 변해가고 있다. 대표적인 몇 가지 예를 소개해 보겠다.

1) 여직원, 여상무, 여사장 → 직원, 상무, 사장

2) 집사람, 안사람, 바깥사람 → 배우자

3) 맘카페 → 지역육아카페

4) 유모차乳母車 → 유아차乳兒車

5) 녹색어머니회 → 녹색교통봉사단

6) 맘스 스테이션 → 어린이 승하차장

직장 내 성에 대한 차별은 사회적으로도 중요한 이슈인 만큼 '성인지 감수성' 문제와 성폭력 예방 체크 사항은 꼭 알아두어야 한다. 성인지 감수성이란 남녀의 서로 다른 사회적 위치와 성역할, 이에 따른 사회적 편견과 고정관념으로 인해 발생하는 성별 격차나 성차별 등을 파악할 수 있는 능력이다.

직장 내 성폭력은 지위나 권력, 신체적 힘 혹은 성에 대한 편견 등으로 상대방에게 불쾌감이나 모욕감을 주는 언어, 행동 모두를 포함한다. 다음 항목별로 몇 가지 자기 점검 사항을 소개한다. 질문에 대한 자신의 대답이 '예'라면 개선이 필요하다는 뜻이다.

구분	내용
성인지 감수성 문제	- 남녀의 서로 다른 사회적 위치와 성역할이 정해져 있다고 믿고 있는가? - 특정 성별이 다른 성별보다 일을 열심히 하고, 조직에 대한 충성도도 강하고 믿고 있는가? - 육아 중인 여자 직원은 육아 때문에 직장에서 업무를 소홀히 하는 경향이 있다고 믿고 있는가? - 현대 사회에는 이제 여성 차별이 없다고 믿는가?
성폭력 예방	- 성적 농담이나 성차별적 말에 대해서 상대방의 명시적 반대가 없다면 동의한 것으로 여기는가? - 가까운 사이라면 상대방의 동의를 얻지 않고 사진이나 동영상을 찍어도 무방하다고 믿는가? - 사적인 공간에서 타인 신체 품평, 신체 사진 공유 등을 진행한 것이 따로 유포되지 않는다면 처벌되지 않는다고 믿는가?
성평등 의식	- 특정 성, 나이의 등장인물만 과도하게 표현하거나 배제하고 있는가? - 성역할 고정관념을 강화하는 내용이 있는가? - 성차별적인 언어를 사용하거나, 특정 성을 열등하게 묘사하거나 외모지상주의 강화, 외모 차별, 성적 대상화 하는 표현이 있는가? - 직장 내 역할을 성별에 따라 고정하고 있는가?

+ 72. +
직원 간
선을 넘지 않는 방법

"선을 넘었다"는 표현은 어떤 행동이나 행위가 일반적인 예절, 도덕, 또는 규범을 넘어섰다는 의미로 사용한다. 주로 부정적인 상황이나 행동에 대한 비난이나 비판을 나타낸다. 일종의 규칙 또는 기준이 있다는 전제하에 어떤 행동이 그 기준을 넘어섰다는 의미에서 나온 표현이다.

예를 들어 "너무 무례해서 선을 넘었어"라고 말할 경우, 상대방의 행동이 예의나 예절에 어긋나서 그 이상으로 가볍지 않게 나쁘다는 뜻이다. 또는 "비밀을 누설해서 선을 넘었다"라고 할 경우, 민감한 정보나 비밀을 공개해 적절하지 않은 행동을 한 것을 의미한다.

하지만 선은 애매한 구석이 있다. 그 선을 결정하는 객관적인 기준이 정해져 있는 게 아니기 때문이다. 개인의 성격이나 사고방식에 따라 주관적으로 형성되는 게 대부분이다. 그러다 보니 상대와 인간관계를 맺을 때 최대한 선을 지켜 상대가 불편하지 않도록 유의하는 게 좋다.

사람이 선을 넘는 이유도 비슷하다. 자신은 관심의 표현이라고 생각하거나 호의라고 여긴다. 자신이 중요하다고 여기는 것을 상대도 중요하다고 여기거나 상대에 대한 나의 호감은 상대에게도 좋은 것이라는 믿음으로 상대의 개인적인 영역까지 침범하는 경우가 많다. 어떤 사람은 회식을 아주 좋아할 수도 있고 어떤 사람은 회식을 아주 싫어할 수도 있다. 어떤 사람은 사람을 금방 사귀지만, 어떤 사람은 오랜 시간 지켜보면서 서서히 사귄다. 선호도의 차이, 행동 양식의 차이 등으로 인해 개인마다 정해진 선이 다를 수밖에 없다.

그러니 내가 생각하는 선은 상대가 생각하는 선이 아니다. 정답은 없다. 하지만 정답에 가까워지기 위해 다음 내용을 체크한 후 각자 정한 선을 지킬 수 있도록 서로 노력해 보자.

구분	내용
업무 관계 우선	- 회사나 조직에서는 '일 중심 관계'를 기본으로 설정해야 한다. 인간관계 중심으로 우선하다 자칫 관계가 틀어지거나 선을 넘으면 일 관계가 매우 힘들어질 수 있다. - 조직에서 인간관계가 일 관계를 압도하면 의도와 다르게 고통스러운 결과로 돌아올 수 있으니, 항상 '일 관계'에 아래 '인간관계'를 두고 조직 생활을 관리한다.
존중과 다양성 인식	- 사람은 각자 다른 성향과 각자의 '선'을 가지고 있다는 다양성을 인정하고 존중한다. - 특정 인종, 성별, 종교, 출신지 등에 대한 차별적인 언행을 피하고 다양성을 존중한다.
비밀 유지	- 회사 내의 기밀 정보나 동료의 개인정보는 신중하게 다뤄야 한다. 타인의 비밀을 지켜주고 자신의 비밀도 지킨다. - 사적인 대화, 개인적 약점이나 사생활, 과도한 친절은 때때로 부메랑이 되어 상처로 돌아올 수 있다.

회사에서는 안 가르쳐주는 업무 센스

개인적인 문제해결	- 개인적 문제의 경우 공적이지 않은 적절한 장소나 시간에 해결하도록 노력한다. - 개인적인 일을 직장 후배에게 부탁할 때는 최대한 신중해야 하며 부득이한 경우 충분히 양해를 구하거나 대가를 지급한다.
회사 행사나 모임	- 회사 행사나 모임에서는 적절한 행동을 유지하고 동료와의 관계를 업무적인 수준에서 유지한다.
의사소통 스타일	- 대화할 때는 타인을 존중하되, 상대가 무례하게 표현하거나 은근히 무시하는 말을 할 때는 자기 의사를 분명하게 전달한다.

가끔 조직에서 업무 외에 개인적인 임무를 주는 선배가 있다. 이건 선을 매우 넘은 행동이다. 선배가 선을 넘는 요구를 할 때는 거절하기 쉽지 않지만 신중하게 대처하는 것이 좋다.

우리는 '친구가 돈을 빌려달라고 할 때 대처법'에서 힌트를 얻을 수 있다. 친구가 돈을 빌려달라고 할 때는 친구가 을이고 자신이 갑이다. 하지만 돈을 빌려주는 순간 달라진다. 친구는 갚을지 말지 결정하는 갑이 되고, 자신은 빌려준 돈을 돌려주기를 기다려야 하는 을이 된다. 그렇게 때문에 빌려줄 수도, 안 빌려줄 수도 없는 관계라면 돌려받지 못해도 될 정도의 액수만 빌려주는 것이 해결책이다. 상사의 개인적인 부탁도 이러하다. 한 번 부탁을 들어주기 시작하면 개인적 업무를 당연히 해야 하는 을이 된다.

거절하기 힘들다면 "나에게도 원칙이 있으니 이런 일은 하기가 어렵다"고 분명하게 밝힌 후 특별한 예외 상황이거나 부담이 없는 선에서만 부탁을 들어준다는 사실을 전달해야 한다. 그래야 선배나 동료에게 본인만의 원칙이나 기준을 인식하게 해줄 수 있다.

혹 부당하게 직장 동료들이 선을 계속 넘어 회사 생활이 힘들 정도로 스트레스가 되거나 갈등이 심하면 본인이 이 상황을 해결하려 하지 말고 조직 인사 관리팀 등 제3자의 도움이 받아 악의 순환 고리를 재빨리 끊는 것이 현명하다.

회사에서는 안 가르쳐주는 업무 센스

5장

자기창조 기술

– 조직과 함께 성장하는 방법

일잘러란 단순히 일을 잘하는 사람이라고 정의할 수 있을까? 일잘러는 자신의 업무를 완벽히 수행함과 동시에 흔들리지 않는 마인드셋과 퍼스널 브랜딩을 구축한다. 앞의 1~4장에서 익힌 일잘러의 기술들을 모두 익혔다면, 이제는 업무 능력이 아닌 자기 본연의 능력을 키워야 할 순간이다. '번아웃에서 벗어나는 법' '유리멘탈 극복법' '창의적 사고법' 등 회사에서 업무를 장악하는 사람에서 자신의 미래를 장악하는 사람으로 거듭나기 위한 자기 성장 전략을 5장에 모두 담아냈다.

+ 73. +

자기 영역에서
상위 0.1%가 되는 20계명

나는 회사를 돈만 벌려고 다니는 곳이라고 생각하지 않는다. 오직 월급 때문에 그 고생을 해야 한다면 얼마나 불행한가? 그렇다고 회사에 내 피와 살을 갈아 넣어야 한다고도 생각하지 않는다.

한 인간의 인생으로 따지면 회사는 삶의 일부에 불과하다. 그래서 개인과 회사의 삶이 조화를 이루어 가야 한다. 우리는 현재 다니는 회사와 함께 성장해 나가야 하며 우리의 성장이 곧 회사의 성장이 되도록 해야 한다.

나는 30년간 회사에서 일하며 동시에 교육자로 살았다. 일 통찰, 창의적 사고, 혁신 전략, 프로젝트 기획 전략, 창조적 소통, 성공하는 삶, 행복한 비전 설계 등 다양한 주제로 강의했고 수많은 젊은이를 멘토링했으며 수많은 직장 후배를 교육했다. 그때마다 빼

놓지 않고 전달하던 메시지가 바로 이것이다. "자기무대(이기는 영역, 분야) · 자기창의 · 자기콘텐츠 · 자기설계 · 자기창조"

단어만 나열한 것처럼 보이는 이 메시지는 서로 연결되어 있다. 우선 직장생활 하는 동안 최선을 다해 자기무대(영역, 분야)를 찾아내야 한다. 또 자기창의를 통해 독창적인 자기콘텐츠와 자신만의 솔루션을 개발하며, 자기 인생 설계를 통해 평생학습 목표를 세워 실천해야 한다. 그리고 자기 영역에서 상위 0.1%가 되어 자기창조를 실현할 능력을 키워나가야 한다.

알다시피 세상에 뛰어난 사람은 너무나 많다. 뛰는 사람 위에 나는 사람이 있다. 사회와 경제 발전이 완성에 이르면 틈새시장조차도 사라진다. 거의 전 분야에서 촘촘하게 망이 갖추어지기 때문이다. 그러나 개인은 도전을 멈추지 말아야 한다. 완성한 시스템 사이의 틈새나 아직 성숙하지 않은 영역을 찾아 나가야 한다.

직장인은 미래 전문가로 나아가기 위해 경쟁이 적고 완숙되지 않은 자기무대를 찾아 나설 필요가 있다. 나는 뛰어난 천재와 경쟁하지 않는다. 나는 위대한 예술가들과 경쟁하지 않는다. 나는 거대한 기업이나 혁신적인 회사 CEO들과 경쟁하지 않는다. 나의 무대와 그들의 무대가 다르기 때문이다.

사람은 누구나 자기 무대 자기 영역을 주도적으로 정할 수 있다. 나는 '창의성'과 '인문학 통찰력'을 연구하고 강의하는 나의 무대에서 전 세계 1등이라는 자부심을 지니고 있다. 누구든 지금부터 본인만의 무대를 찾아야 한다. 시시때때로 변하는 유행이나 세태에

너무 휩쓸리지 말고 시간을 함부로 낭비하지 말자. 남들과 아무런 차이도 없는 평범함을 거부하고 남들이 세운 기준에 당신을 재단하지 말자. 회사에 다니면서도 자기 성장을 위한 노력을 멈추지 말자.

자기 영역에서 상위 0.1%가 되기 위해 치열하게 인생을 살아오면서 깨달은 나만의 인생철학 20계명을 소개한다. 다만 나의 20계명을 자세하게 설명해 주진 않을 것이다. 직접 이유를 생각하고 영감을 얻길 바란다.

1계명. 남들이 우르르 몰려가는 곳으로 가지 말라. 아무도 가지 않는 곳으로 가라.

2계명. 모든 것이 갖추어져 있는 곳을 버리고, 처음부터 새롭게 시작해야 하는 곳으로 가라.

3계명. '지금까지 모두 그렇게 해왔으니까'라고 생각하는 것들 속에 엄청난 보물이 숨겨져 있다.

4계명. 보이는 것에 현혹되지 말라. 보이지 않는 곳의 숨은 관계를 파악하라.

5계명. 혼자 가는 쉬운 길을 가지 말고, 함께 가는 어려운 길을 가라.

6계명. 억지로 다른 걸 융합하려 애쓰지 말고, 서로 다른 것이 저절로 융합될 수 있는 길목에서 준비하고 기다려라.

7계명. 다르다고 차별하지 말라. 다양성의 연결이 창조의 씨앗이다.

8계명. 인연을 소중히 여겨라. 만남이 운명을 바꾼다.

9계명. 사건 단위, 프로젝트 단위로 일을 보라. 어떤 일이 어디에서 시작되어 어디를 거쳐 어디로 가게 될지 예민하게 반응하라.

10계명. 매력적인 키워드에 낚이지 말라. 진짜 답은 언제나 창조가 일어 나는 프로세스에 숨어 있다.

11계명. 일을 알기 전에 자신을 먼저 알라. 또한 일하기 전에 먼저 그 일 을 철저하게 공부하라.

12계명. 차이점을 찾지 말고 공통점을 찾아라.

13계명. 양자택일의 순간에 둘 중 하나를 선택하지 말고 양자를 모두 포 함하는 제3의 해결책을 찾아라.

14계명. 남들이 상식이나 진리라고 믿는 모든 것들에 대해 의심하고 또 의심하라.

15계명. 함부로 긍정하지 말라. 의문을 가진 사람만이 높은 차원으로 올 라가서 천장을 뚫을 수 있다.

16계명. 사람과 사람 사이엔 높은 장벽들이 존재한다는 사실을 인정하 라. 완전한 소통은 정보를 주고받는 것이 아니라 장벽을 허무는 것임을 명심하라.

17계명. '무작정 실행하라'는 바보들의 말을 믿지 마라. 모든 성공은 실 행한 자의 몫이지만, 실행한 80%는 망하거나 사기당하거나 희 생당함으로써 성공한 방법을 찾아주는 역사발전의 소모품이 다. 19%는 여러 번 의심한 후 실행하는 자고, 1%만이 창조자 관점에서 단숨에 전체 프로세스를 설계한 후 실행하는 자다.

18계명. 내 삶의 무대를 넓혀가면서 열정과 사랑을 채우며 치열하게 살 아라.

19계명. 뇌의 판단을 믿지 말고, 원래 그것이 그렇게 되는 절대적인 법
칙을 믿어라.

20계명. 내가 창조자인 것처럼 감독관점으로 사고하라.

20가지의 공통 메시지는 딱 하나다. "당신이 정상에 서서 창조
자 관점과 시선으로 창조 프로세스 전체를 장악한 후 의사를 결정
하라!"

+ 74. +

미래를 바꾸는
마인드셋

세상을 바라보는 관점에 따라 그 사람의 미래는 달라진다. 세상을
바꿀 수 없다고 믿는 사람은 숙명대로 살 것이고 세상을 바꿀 수
있다고 믿는 사람은 주도적으로 살 것이다. 물론 무조건 그렇다는
이야기는 아니다. 확률상 그렇다는 의미다. '주도적인 마인드'는 변
화에 대응하고 문제를 해결하고 창조적인 작업을 할 가능성을 높
이기 때문이다.

실제로 스탠퍼드대학교의 심리학 교수 캐롤 드웩Carol Dweck이 쓴
책 『마인드셋』에 따르면 40년간 성공의 비밀을 분석한 결과 성공
하는 사람과 실패하는 사람의 심리학적 차이는 마인드셋(마음가짐)

이었다고 한다. 즉 재능이나 능력은 타고난 것이라고 믿는 사람보다 자신의 재능이나 능력을 얼마든지 발전시킬 수 있다고 믿는 사람들이 성공할 가능성이 컸다는 것이다. 어떤 사람이 가지고 있는 관점 또는 마인드셋이 모든 의사결정의 출발점이다. 나이가 20대이건 은퇴를 앞둔 60대이건, 회사의 신입사원이든 임원이나 사장이든 창조자 관점에서 자신이 주도적으로 자기 일과 자기 인생을 컨트롤하고 창조하겠다는 마음가짐을 가져야 한다.

철학자 프리드리히 니체는 본인의 저서 『차라투스트라는 이렇게 말했다』에서 차라투스트라의 입을 빌려 세상에 두 종류의 사람들이 있다고 소개한다. 바로 '최후의 인간'과 '초인(위버멘시)'이다. 최후의 인간이란 동물원에서 사육당하는 것처럼 무기력한 우리네 인간상을 말한다.

반면 초인이란 현재에 만족하지 않고 기존 질서와 자신의 한계를 극복해 나가며 창조적으로 자기 삶을 개척하는 초월적인 인간상이다. 니체는 '초인'에 대해 다음과 같이 소개하고 있다. "나는 너희들에게 초인을 알려주겠노라. 사람은 극복되어야 할 그 무엇이다. 너희들은 너희 자신을 극복하기 위해 무엇을 했는가? 지금까지 존재해 온 모든 것은 자신을 뛰어넘어 그 이상의 것을 창조해 왔다. 그런데도 너희들은 이 거대한 밀물을 맞이해 썰물이 되기를 원하며 자신을 극복하기보다 오히려 동물원의 짐승으로 되돌아가려 하는가?"

나는 이 초인이 '창조적 관점'과 '창조적인 마인드셋'을 가진 인간

회사에서는 안 가르쳐주는 업무 센스

이라고 생각한다. 시를 쓰려면 먼저 시인의 관점과 시인의 마음가짐으로 세상을 보아야 한다. 벤처기업의 사장이 되고 싶다면 먼저 사업가 관점과 사업가 마인드로 무장하고 있어야 한다.

자신에게 맡겨진 프로젝트나 일을 성공시키려면 그 프로젝트나 그 일 전체를 장악해야 한다. 성공하고 싶다면 주도적인 관점을 가지고 주도적 포지션에 올라서고 창조적 관점과 창조적인 마인드를 장착하자. 그리고 매 순간 스스로에게 질문을 던지자. "만약 이 일을, 이 상황을, 이 사건을, 이 관계를, 이 문제를 창조적 관점과 창조적인 마인드로 다시 보고 내가 주도적으로 연출할 수 있을까?" 그러면 놀랍게도 그 일이, 그 상황이, 그 사건이, 그 관계가, 그 문제가 스스로 창의적인 답을 들려줄 것이다. 그 순간을 통찰자들은 "영감이 떠오른다"고 표현한다.

+ **75.** +

판단 기준
꿈·끼·꾀·끈·깡·꼴·꾼 활용법

27살 겨울, 신문사 동료들과 술자리에서 쌍기역 자로 된 한 글자 단어 찾기 게임을 했다. 나는 그날 밤 잠자리에 누워 우리가 찾아낸 꿈, 끼, 꾀, 끈, 깡, 꼴, 꾼이란 단어를 가지고 이런저런 궁리를 했다.

그런데 번쩍 기발한 아이디어가 떠올랐다. 각각의 단어에 의미를 부여해 순서대로 잘 조합하면 입체적이면서도 완전한 성공 플래너가 될 수 있겠다는 생각이었다. 여기서 조금 더 깊게 분석해 보니 7가지 쌍기역 키워드 하나하나에 아주 재미있는 성공 전략이 숨어 있다는 걸 알게 되었다. 그렇게 만들어낸 다음 로드맵을 보자.

> 1계단: 꿈(목표, 비전, 꿈, 야망)
>
> 2계단: 끼(자신의 재능, 강점, 잠재력, 경쟁력, 포지셔닝)
>
> 3계단: 꾀(전략, 기획, 아이디어, 로드맵)
>
> 4계단: 끈(네트워크, 인맥, 공존지수, 정보교류)
>
> 5계단: 깡(추진력, 실행력, 자신감, 집념)
>
> 6계단: 꼴(이미지, 서비스, 감성마케팅)
>
> 7계단: 꾼(전문가, 자기 계발, 프로의식)

사실 우리 시대 성공 요소는 매우 다양해졌다. 과거엔 신분이나 학력 등이 성패를 좌우했다면 이젠 자본력, 아이디어, 자신감, 열정, 도전정신 등 더욱 많은 요소가 필요해졌다. 일할 때, 프로젝트를 기획하거나 수행할 때, 인생의 목표를 설정하고 성취하는 과정을 설계하거나 점검할 때 이 7개의 계단으로 나누어 점검해 보자. 쌍기역 키워드의 각 글자가 뜻하는 의미는 다음과 같다.

꿈: 비전이자 목표를 의미한다. 자신이 진정 무엇을 하고 싶은지 찾아내고 목표를 분명히 정하는 것이 바로 꿈이다. 꿈은 성공으로 가는 첫

번째 계단이다.

끼: 자신만이 가지고 있는 재능 혹은 주 무기를 뜻한다. 어떤 꿈을 이루기 위해서는 반드시 남과 다른 자신만의 특별한 혹은 차별화된 끼를 발견해 내야만 한다. 그런 끼의 발견과 활용 능력이 성공으로 가는 두 번째 계단이다.

꾀: 기획력을 말한다. 무엇을 어떻게 진행할 것인지를 전략적으로 구상하는 것이 바로 성공으로 가는 세 번째 계단이다.

끈: 과거엔 다소 부정적인 의미로 쓰였지만 긍정적인 측면에서 인간관계, 폭넓은 사회성, 네트워킹 등을 의미한다. 네트워킹과 다양한 인맥 교류는 성공으로 가는 네 번째 계단이다.

깡: 실행력 혹은 추진력이다. 구상에만 머물지 않고 몸으로 부딪쳐 현장에 적용해 보는 단계다. 무언가 목표를 이루기 위해서는 액션이 필요하다. 이것이 성공으로 가는 다섯 번째 계단이다.

꼴: 모양이나 생김새를 뜻하는 말이다. 모든 목표의 마지막 단계에서 엄청난 위력을 발휘하는 이 이미지 전략은 성공으로 가는 여섯 번째 계단이다.

꾼: 전문적인 프로 정신을 의미한다. 무슨 일을 하든 프로답게 해야 한다. 현재 자리에 안주하지 말고 끊임없이 자신을 혁신하고 재능을 계발하라. 자신의 분야에 프로가 되는 것이 바로 성공으로 가는 마지막 계단이다.

이제 이 7가지 쌍기역 글자의 계단을 순서대로 떠올려 보자. 각

각의 키워드가 던지는 질문과 요구에 스스로 대답해 보고 능력을
키워가자. 우리가 성취할 수 있도록 도와주는 친절한 안내자가 되
어 줄 것이다.

+ **76.** +

반드시 나중에 보상받는
+1 사고법

직장생활이든 인생이든 진짜 성공하는 방법은 무엇일까? 내가 강
의하고 멘토링하는 대학생, 직장인, 공무원들에게 자주 하는 이야
기가 있다. 그건 '+1 사고를 하라'는 것이다. +1 사고법은 지금 하는
일 또는 결과물에 무조건 하나를 더해 보는 습관이다.

뇌과학자 로돌포 이나스는 창의성을 '새롭고 독특한 기억의 조
합'이라고 정의한다. 나는 여기에서 창의성에 대한 힌트 하나를 얻
었다. 새롭고 독특한 창의성은 언제나 조합에서 나오고, 가장 쉬운
조합은 단순히 그냥 하나를 더하는 것이다. 나는 이 깨달음을 얻은
후 매 순간 어떤 일이나 결과물에 하나를 더하려고 노력한다.

나의 성공 사례를 소개한다. 신문사 편집국장 시절, 나는 사내
벤처기업을 만들었다. 대한민국 모든 공모전 정보를 모아 제공하
는 포털사이트를 기획하고 설계했다. 여기까지는 누구나 떠올릴
수 있는 발상이다. 하지만 나는 '+1', 무언가 하나가 더 필요하다고

여겼다. 그리고 고민한 결과, 각 공모전 정보를 클릭한 사람들에게 그 공모전에 당선되기 위한 전문적인 비법과 당선 체크리스트를 분석해 제공하는 멘토링 코너를 결합하는 아이디어를 생각해 냈다.

그저 공모전 정보를 모아 제공하는 사이트는 누구나 금방 따라 할 수 있다. 차별성이 없다. 하지만 코칭(멘토링) 코너를 +1로 더하면 누구도 쉽게 따라올 수 없는 특별하고 독창적인 사이트가 될 것이라 생각했다. 그 결과 우리 사이트는 단숨에 많은 경쟁기업을 이기고 대한민국 대표 정보 포털 기업으로 성장했다.

+1 사고는 일상에서도 적용할 수 있다. 어느 일요일이었다. 아침부터 아내가 방 안에 있던 무거운 책장을 거실 건너편으로 이동시키고 싶다고 성화였다. 두꺼운 원목으로 만들어진 책장은 무게가 만만치 않았다. 어디 좋은 방법이 없을까? '+1 사고' 즉, 하나를 더하면 뭔가 떠오를 것 같았다.

그러자 어릴 때 눈이 오면 동네 뒷산에서 비료 포대로 미끄럼을 타던 기억이 떠올랐다. 무거운 가구 옮기기와 비료 포대를 미끄러지던 기억이 오버랩되었다. 그때 책장이 미끄러지게 끌고 가면 어떨까 하는 아이디어가 번쩍 떠올랐다. 즉시 베개 2개를 가지고 와서 책상 양쪽 아래에 집어넣었다. 육중한 무게의 원목 책장이 베개 위에 올라서자 마치 비료 포대를 탄 아이처럼 가벼웠다. 단 20여 초 만에 힘 하나 안 들이고 무거운 원목 책장을 원하는 위치로 이동시켰다. 우리는 환호성을 질렀다.

그때부터 모든 것에 +1 하는 습관을 들이기 시작했다. '이 맛있는 빵에 독특한 캐릭터 모양을 결합하면 어떨까?' '이 텍스트 문서에 표를 결합하면 어떨까?' '이 PPT 강의안에 실습지 페이지를 결합하면 어떨까?'

우리는 지금 하는 일, 결과물에 그치지 말고 한 번만 더 고민하는 습관을 가질 필요가 있다. 그리 어렵지 않게 +1을 더할 수 있으며 그 순간 성공확률은 높아진다. 이 간단한 생각 원리가 놀라운 기적을 만들 것이다.

+ 77. +

잘하는 일을 할까?
하고 싶은 일을 할까?

"잘하는 일을 할까? 아니면 하고 싶은 일을 할까?" 나는 이 고민이 세상에서 가장 어리석다고 생각한다. 물론 왜 그런 고민을 하는지 이해한다. 결론부터 말하자면 둘 중 하나를 고르려 하지 말자. 가만히 생각해 보면 둘 중 하나를 고를 필요가 전혀 없다. 한발 물러서서 내가 창조적 관점에서 연출자가 되어보면 순식간에 선택지 조합을 여러 가지 만들 수 있다.

1) 잘하는 일 선택
2) 하고 싶고 좋아하는 일 선택

회사에서는 안 가르쳐주는 업무 센스

3) 약간 잘하면서 많이 하고 싶고 좋아하는 일 선택

4) 많이 잘하면서도 많이 하고 싶고 좋아하는 일 선택

'양자택일'에서 단숨에 '네 가지 선택지'가 되었다. 마음만 먹으면 16가지 선택지도 만들어 낼 수 있다. 여기에 '부가가치(돈)'라는 요소를 결합하면 선택지가 더 풍성해진다. 예를 들어 '잘하는 일인데 돈도 많이 버는 일 선택', 혹은 '하고 싶고 좋아하는 일인데 돈도 많이 버는 일 선택' 등으로 정리하는 식이다.

어쨌든 세상에는 여러 가지 선택지가 있다. 게다가 하다 보면 좋아한다, 잘한다는 생각이 시시각각 변하기도 한다. 전혀 못하는 일이었지만 하다 보니 재미있고 잘하는 일이 되기도 하고, 정말 하고 싶고 좋아했는데 막상 직업으로 삼으니 하기 싫고 재미없는 일이 될 수도 있다.

중요한 것은 다른 관점에서 주도적으로 의사 결정하며 '현명하게 선택하고 집중할 줄 아는 힘' 그 자체다. 당신의 선택과는 상관없이 그 일에 매겨진 세상의 가치나 평가 기준은 이미 정해진 경우가 많다. 당신이 노래를 아무리 잘해도 세상에는 노래를 잘하는 사람이 너무 많다. 당신이 쌀농사를 아무리 좋아해도 도매가는 이미 정해져 있다. 취미를 직업으로 만들 수 있지만 만약 직업으로 삼지 못해도 부가가치를 창출할 순 있다. 즉 이 모든 것은 순전히 자기 능력과 노력 여하에 달렸다. 즉 다양한 선택지를 스스로 창조하는 것이 중요하다.

+ 78. +

번아웃 진단법과
극복법

직장생활을 하다 보면 때때로 무기력증이 찾아올 수 있다. 일하기 싫고 만사가 귀찮아지거나 자꾸 부정적인 생각이 드는 것이다. 일이 늘어지고 효율도 떨어질 때가 '번아웃'의 초입 단계다. 내가 번아웃인지 진단하는 방법은 간단하다. 다음 네 가지 카테고리의 증상을 살펴보면 된다.

증상	내용
심리적 증상	– 일상적인 업무에 대한 과도한 스트레스를 느낄 때 – 업무에 대한 흥미와 열정을 잃고, 효율성과 생산성이 떨어질 때 – 성취감이 감소하고 자신의 능력에 대한 의문이 들 때
신체적 증상	– 지속적으로 피곤하고 기운이 없는 상태가 지속될 때 – 반복적인 감기, 질병 및 신체적 불쾌감이 증가할 때 – 잠을 설칠 수 있고, 수면의 질이 저하될 때
대인관계 증상	– 동료들과의 관계가 약화하고, 소셜 활동을 피하게 될 때 – 업무 상황에서의 소통이 어려워지고, 대인관계가 나빠질 때 – 자주 화를 내거나 다른 사람들에게 공격적인 태도를 보일 때
행동적 증상	– 업무 능률이 감소하고, 업무처리 속도가 느려질 때 – 결정을 내리기 어려워지고, 업무에 대한 책임 회피가 증가할 때 – 자주 회사를 빼먹거나 지각하고, 업무에 대한 책임을 회피할 때

회사에서는 안 가르쳐주는 업무 센스

증상이 많아질수록 번아웃 강도가 세다고 볼 수 있다. 스스로 진단하는 과정은 매우 중요하다. 내가 번아웃이라는 걸 알아차리는 것만으로 탈출할 기회를 만들 수 있기 때문이다. 기회를 활용해 휴가를 얻어 여행을 떠날 수도 있고, 오랜 친구들과 마음 편한 수다를 떨 수도 있으며, 멘토를 찾아가 조언을 구할 수 있다.

나는 큰 프로젝트 부담으로 어려움을 겪고 있을 때는 최대한 업무 생각을 줄이고, 기분을 상쾌하게 해주는 영화나 드라마를 시청한다. 단순히 업무에 관련된 생각에서 벗어나는 것으로 기분이 상쾌해지기 때문이다. 또는 여러 일이 쌓였을 때는 주로 간단한 일부터 해치우는 편이다. 10가지 일이 쌓여 있는데 어려운 한 가지에만 매달리면 남은 9가지 일도 계속 부담으로 남아 있다. 상대적으로 가벼운 일을 빠르게 처리하고 남은 어려운 한 가지 일에 몰입해 처리하면 마음이 편하다.

때때로 미적거리고 있다면 일단 하나라도 하고 본다. 가령 책 한 권 쓰겠다고 마음을 먹었다면 이런저런 생각은 접고 일단 한 줄, 한 꼭지를 그냥 쓰고 본다. 마음이 움츠러지거나 우울함이 생길 때는 의도적으로 당당하게 걸으려 노력한다. 어깨를 쫙 펴고 턱을 당기고 깊은 호흡을 하고 힘차게 발을 뻗으며 바른 자세로 걷는다. 의자에 앉을 때도 가슴을 펴고 다소 거만하게 앉는다. 몸의 자세만으로 때론 마음에 자신감을 불어넣어 주기도 한다. 실제로 컬럼비아대학교 연구팀의 연구 결과에 따르면 "등을 펴고 당당하게 걸으면 적극적인 마음이 되고 스트레스 호르몬이 감소한다"고 한다.

번아웃이 왔다고 판단될 때는 가장 먼저 휴식을 취하는 것이 좋다. 잠을 많이 자고 맛있는 것을 먹은 후 가벼운 운동을 해 기분을 전환하는 것이다. 자신감을 얻고 싶다면 가볍고 쉬운 목표를 몇 개 세워서 달성해 본다. 엑셀의 단축 기능 몇 개를 배운다든지, 사진과 음악을 활용해 간단한 영상물을 제작하는 법도 배울 수 있다. 슬로건 공모전이나 에세이 공모전에 도전해 볼 수 있다. 책을 한 권 완독하는 것도 성취감을 얻는 데 큰 도움이 된다.

직장생활과 삶의 여유를 구분해 균형 있게 맞추고 업무 시간 외에는 직장과 관련된 일을 하지 않도록 노력해야 한다. 어려운 과제라면 최대한 집중과 몰입할 수 있는 주변 환경을 만들어 보자. 또는 덩어리가 큰 과제를 해야 할 때는 목차를 구성해 차례대로 하나씩 천천히 처리해 보자. 50페이지 분량의 제안서를 하루에 다 쓰는 게 아니라 항목별로 하나씩 정리해 부담없이 완성할 수 있는 것처럼 말이다. 이러한 전략을 조합해 자신에게 맞는 방법을 시도하면 번아웃에서 벗어나 새로운 에너지와 열정을 찾을 수 있다.

+ 79. +

스트레스를
손쉽게 관리하는 방법

스트레스에는 두 가지 종류가 있다. 하나는 원인이 제거되었으나 남아 있는 스트레스이고, 또 하나는 아직 해결되지 않은 원인이 남아 있는 스트레스다.

원인이 해결되었지만 남아 있는 스트레스를 푸는 덴 어떤 방법이 있을까? 예를 들면 스포츠 선수가 승부를 마치고 쌓인 근육의 스트레스나 정신적 스트레스를 푸는 일을 말할 수 있다. 협상 업무 담당자가 협상을 완료하고 그동안 쌓였던 스트레스를 푸는 일이나, 영업사원이 목표를 달성한 후 그동안 받았던 실적 스트레스를 푸는 유형이다. 이런 스트레스는 앞서 소개한 대로 자신에게 맞는 방법에 따라 여유를 주고 휴식을 취하면 된다. 성과금을 받거나 여행을 하거나 맛있는 것을 먹거나 푹 자고 나면 긴장감이 쉽게 풀리기 때문이다.

내가 중점적으로 다루고자 하는 것은 두 번째 유형의 스트레스다. 세상에는 결코 피할 수도 없고 저절로 풀리지도 않는 스트레스가 있다. 대개 이런 스트레스는 문제를 풀어야만 해결된다. 직장생활을 할 때 스트레스를 받고 있다면 내 스트레스가 어떤 유형인지 명확하게 분류할 줄 알아야 한다.

일시적인 스트레스, 시간이 흐르면 해결되는 스트레스, 내가 어쩔 수 없는 문제의 스트레스는 여유를 갖고 심리적인 안정을 취하면 된다. 그러나 원인이 있는 스트레스, 가령 다음 주의 경쟁 PT 준비로 인한 스트레스, 다음 달 인수합병 협상 준비 스트레스, 전반기 승진평가 면접시험 스트레스는 스트레스 자체를 해결하는 대신 스트레스의 원인을 통제해야 한다. 원인을 통제한다는 것은 스트레스의 원인을 직시하고 관리해야 한다는 의미다. 이런 스트레스는 잠을 푹 자거나 술을 마시거나 심리상담을 받거나 영화를 본다고 해결되는 게 아니다.

다음 주에 있을 PT 때문에 스트레스를 받는다면 경험자들의 조언을 토대로 상황을 다시 한번 분석하고, 경쟁력 있는 아이디어를 찾고 경쟁 PT 전략서를 읽고 연습을 반복하는 게 좋다. 다음 달 인수합병 협상 준비로 고민이 있다면 상대의 요구를 더욱 치밀하게 분석하고 A 플랜, B 플랜, C 플랜 시나리오를 작성하자. 최고 의사결정자를 찾아가 전략과 협상 범위를 사전에 협의하고, 협상 전략에 대한 참고도서를 읽고, 협상 현장과 똑같은 분위기를 연출해 반복적으로 모의실험을 해보면 마음이 놓일 것이다.

전반기 승진평가 면접시험에 대한 압박감을 느끼고 있다면 승진평가 면접시험 기준이나 예상 문제, 기출문제를 확보하자. 그리고 자신이 회사에서 얼마나 열심히 일하고 성과를 냈는지 구체적인 데이터와 근거자료를 수집하고 정리해야 한다. 특히 누가 심사위원으로 참여하는지 알아보고, 그들에게 나의 승진이 어떤 이유로 이루어져야 하고, 나의 승진이 회사에 어떤 도움이 될 수 있는지를 설득할 수 있도록 준비하자.

앞에 서술된 문제들은 회피하거나 쉰다고 해서 해결되는 문제들이 아니다. 전문가에게 도움을 구하고 책을 읽고 학습하고 배워라. 그리고 문제를 해결하면 스트레스는 풀린다. 만약 어찌해도 문제를 해결할 수 없다면 그 문제를 겸허히 내려놓아야 한다. 해외 전쟁과 바이러스 팬데믹은 우리가 해결할 수 없다. 스트레스에 끌려가느냐 스트레스를 조절하느냐는 오직 당신이 결정한다.

+ 80. +

월요병을 이기는
몇 가지 노하우

일요일 오후부터 찾아오는 '월요병'은 직장인이라면 누구나 겪는 증상이다. 월요병이 단순히 휴일이 끝나고 일해야 한다는 심리적 압박감이 원인이라면 출근과 함께 사라진다. 아무리 하기 싫어도, 이미 일을 하기 시작했다면 원인이 해소되는 것과 다름없기 때문이다.

그러나 처리해야 할 업무나 만나게 될 사람과의 관계 등 월요병의 구체적인 원인이 있다면 그것을 해결해야 한다. 원인이 있는 월요병을 극복하는 데 도움이 될 수 있는 몇 가지 팁을 소개한다.

1) 금요일에 꼭 다음 주 중요한 업무계획을 세워 메모해 두어라. 다음 주 준비 사항을 정리해 두는 것만으로 다음 주에 할 일에 대한 감을 잃지 않고 마음 편하게 다음 한 주를 맞이할 수 있다.

2) 주말 오후에는 충분한 휴식을 취하라. 일요일 저녁까지 외부 활동을 하거나 과도한 음주를 하면 월요일 출근은 물론 한주 내내 신체리듬

이 깨질 수 있다. 일요일 오후에는 충분한 휴식을 취하고 일요일 밤은 일찍 잠자리에 들면 체력을 회복하고 스트레스를 해소할 수 있다.

3) 긍정적인 마인드셋을 유지하라. 직장생활의 인간관계 때문에 오는 월요병은 어쩔 수 없는 경우가 대부분이다.

4) 다음 주에 기대되는 일을 만들어 본다. 도전하고 싶은 일의 목표를 세워도 되고, 만나고 싶었던 사람과 미팅을 잡아도 좋다. 가고 싶었던 곳, 먹고 싶었던 맛집을 물색해 정해두는 것도 좋다.

5) 월요일 아침에 일찍 일어나 여유 있게 출근하라. 급하게 출근하거나 바쁜 아침을 보내면 스트레스가 쌓일 수 있다. 출근하면서 오늘 할 일과 이번 주 할 업무들을 천천히 떠올리고 일과를 시뮬레이션해 보면 머릿속에 할 일이 정리되면서 마음이 편해진다.

+ 81. +
타인에게 신뢰를 주는 직장인 이미지 연출법

직장은 다양한 사람들이 모여 일하는 곳이다. 그렇기에 일도 중요하지만, 내가 사람들에게 어떤 이미지로 보이느냐가 매우 중요하다. 평판이나 타인에게 보이는 이미지가 일의 능률을 높여주기도 하며 일의 성취도를 결정하기도 한다.

당신이 기억할 것은 이미지란 누구나 무조건 저절로 보인다는 것이다. "내 이미지는 남들에게 보이지 않을 거야"라는 마법은 절대 없다는 뜻이다. 조직에서 사람은 무조건 이미지가 생긴다. 그러니 이왕 만들어질 이미지라면 긍정적으로 보이는 게 좋다.

중요한 건 세상 모든 좋다는 이미지를 전부 내 걸로 만들 수는 없다는 점이다. 사람은 강점과 약점, 장단점, 좋아하는 것과 싫어하는 것, 개성과 능력 등이 다르기 때문이다. 당신의 강점, 당신의 장점, 좋아하는 것, 개성과 능력을 조합해 최대한 당신에게 맞는 직장인 이미지를 선택한 후 연출해 나가야 한다. 대표적인 이미지 유형 몇 가지만 정리해 보자.

이미지	내용
전문가 이미지	– 깔끔하고 전문적인 의상 선택, 정돈된 외모 유지 – 명확하고 효과적인 의사소통, 전문 용어 사용 – 자신의 전문 분야에 대한 지식과 역량을 강조
행동형 리더 이미지	– 문제해결 능력, 의사 결정력, 책임감, 실행력을 보여줌 – 자신의 목표와 비전을 분명하게 표현함 – 다른 사람을 이끄는 능력과 결과에 대한 책임감 강조
공감력 이미지	– 주변 사람들에게 친근하고 덕망이 있는 사람 – 사람을 좋아하고 공감력이 뛰어나며 친화력 있고, 다른 사람들과의 원활한 관계 형성
창의적인 이미지	– 창의적인 문제해결 능력, 새로운 아이디어와 해결책 제시 – 남들이 생각하지 못하는 방식으로 접근, 혁신적인 마인드 – 변화에 대한 유연한 태도와 적응력을 강조해 미래를 대비

존경받는 이미지	- 신뢰할 수 있고 존경심을 갖춘 스승과 같은 이미지 - 동료들과 함께 성장하길 바라며 인간적 관계와 교육, 멘토링 능력 발휘
문제해결 이미지	- 조직의 크고 작은 문제를 발 벗고 나서서 해결 - 문제해결을 위해 적극적으로 나서고 실행하는 능력 강조 - 문제의 본질을 파악, 결정을 내리는 과정을 모두에게 전부 공유

여기서 강조하고 싶은 건 겉으로만 그럴싸한 외적인 이미지를 만들라는 것이 아니다. 자신이 일하는 영역 혹은 일하고 싶은 영역(사람 관계 영역, 자료 관계 영역, 도구 관계 영역, 육체관계 영역)을 고려해 자신에게 맞는 긍정적인 이미지 타입을 찾아 장기적으로 키워가야 한다. 그러면 회사뿐만 아니라 인생 전반에서 성취하는 데 큰 도움이 될 것이다.

물론 몇 개의 이미지를 조합해 자신만의 이미지를 연출해 나갈 수도 있다. '전문가 이미지'에 '행동하는 리더 이미지' 혹은 '문제해결 이미지' 등을 결합하면 좋다.

사실 이미지는 '무無'에서 연출할 수 있는 게 아니다. 자신에게 이미 있는 퍼즐을 모아 스케치하고 그림으로 완성해야 한다. 결국 좋은 이미지를 구축하기 위한 첫 출발점은 '자기 이해'다. 자기 자신을 객관적으로 잘 이해하고 자신의 강점과 약점을 정확하게 인식하는 것이 중요하다. 자신의 강점을 부각하고 약점을 보완해 더욱 강력한 이미지를 구축할 수 있다.

+ 82. +

같은 시간을
더욱 잘 활용하는 시간 사용법

나는 수많은 일을 해왔다. 기자, 미디어 편집국장, 포털사이트 기획국장, 20년 넘게 평균 1년에 한 권씩 책을 출간 저자, 120개 대학에 1,000회가 넘는 강의, 각종 센터와 인재개발원 강연, 문화체육관광부 등 웹툰 시나리오 작가 및 창작 활동, 기업이나 국가기관 기술평가 위원, 각종 공모전 심사위원, 수많은 프로젝트 컨설팅 등 동시에 해온 일을 돌아보면 내가 생각해도 이게 어떻게 가능했나 싶을 때가 있다.

그렇다고 새벽에 일어나며 잠을 줄여 일하지도 않는다. 나는 '머리형 인간'이라 항상 머리가 맑아 있어야 한다. 하루 8시간은 자지 않으면 종일 머리가 멍한 느낌을 받는다. 다만 주어진 10시간을 최대한 효율적으로 사용해 보통 사람들보다 두세 배 이상 잘 활용할 뿐이다.

시간 관리법을 알려주는 책이나 유튜브 동영상은 많다. 그러나 뻔하거나 막연하거나 뜬구름 잡는 이야기가 많다. 하지만 나는 오랜 직장생활을 통해 나만의 시간 사용법을 직접 개발하고 터득했다. 나는 지금도 이 시간 사용법들을 모두 동시에 활용하고 있다. 그 노하우를 여기에서 모두 공개하려 한다. 내가 모두 사용하는 시간 사용법들이기 때문에 즉시 실천할 수 있을 것이다.

시간 사용법	내용
빈틈없는 체크	- 일을 수행하기 전에 반드시 그 일의 전제조건, 그 일의 기준, 법률, 배후 최고 의사결정자의 관점, 비용(돈), 공간의 환경과 배경, 이 일과 관계된 사람들과 주요한 돌출요소들, 시간의 과정을 체크한다. - 일이 진행되는 전체 프로세스를 기승전결로 상상한 뒤 체크리스트를 정리하면 다시 일하는 것을 피할 수 있다.
계획표와 스케치	일을 수행하기 전에 계획표를 작성한다. 아무리 큰 규모의 일이라도 분류하고 세분화하면 간단하고 단순한 업무로 변한다. 그럼 빠르게 진도가 나갈 수 있다. 때론 일의 과정과 핵심 요소를 가지고 한눈에 파악할 수 있는 이미지로 표현해 본다.
일 분류 4분면	- 여러 일을 동시에 수행해야 할 때는 일들을 4분면에 배치해 경중을 판단한다. - 중요하고 급한 일, 중요하지만 급하지 않은 일, 중요하지 않지만 급한 일, 중요하지 않고 급하지도 않은 일, 이렇게 배치하면 우선순위를 쉽게 판정해 수행할 수 있다.
선택과 집중	- 아주 중요한 일을 선택해 집중하고 그렇지 않은 잡다한 일들은 거절할 줄 알아야 한다. 핵심적인 일 20%가 80%의 성과를 결정한다.
몰입과 집중력	- 시간을 잘 사용하는 방법은 몰입하고 집중해서 아주 중요한 그 일을 최대한 시간을 줄여 빨리 해치우는 것이다. - 일주일 걸릴 할 일을 4일 만에 하고 한 달 걸릴 일을 보름 만에 끝내고, 10시간 걸릴 일을 3시간 만에 완료해 내야 한다. 그러자면 '준비-분석-분류-계획-몰입과 집중력-수행' 과정이 필요하다.
효율적인 시스템 사용	- 남들보다 같은 시간을 서너 배 이상 시간을 잘 활용하기 위해서는 항상 효율적인 시스템 사고를 해야 한다. - 자동화시스템, 매뉴얼 작업, 일하는 과정의 표준화 등을 통해 일하는 시간을 1/10로 단축할 수 있다.

회사에서는 안 가르쳐주는 업무 센스

일거양득 멀티 세팅	- 하나의 일을 하는데 2~3개 일을 완성한 효과를 내기 위해 일들을 효율적으로 배치한다. 혁신가의 사례와 인터뷰를 통해 기사를 작성하고, 기사 10건이 모이면 PPT 강의안을 만들고, PPT 강의안 30개 모이면 책 한 권으로 정리하고, 이 책을 바탕으로 혁신 분야 컨설팅을 진행하는 식이다.
환경, 시각적 진도, 압박 세팅	- 일을 빠르고 효과적으로 수행하기 위해서는 어느 정도 압박감이 필요하다. 해도 되고 안 해도 되면 사람은 누구나 다음 날로 일을 미룬다. 전적으로 개인 의지에만 맡길 게 아니라 일할 환경이나 마감 시간을 만들고, 시각적 진행상황표(진도표)를 준비한다. - 블로그나 SNS에 작업 과정을 외부에 공개하고 사람들과 소통하며 즉각적인 피드백을 받으면 외적 압박 환경을 세팅할 수 있다.
과감한 위임	- 역할 분담이 중요하다. 모든 일을 혼자 다 처리할 수 없을 때 업무들을 나누어 위임한다. 이때 '일 전체 프로세스'를 설계한 후 기술이 필요한 업무, 시간이 투입되어야 할 업무, 직접 몸으로 수행해야 하는 업무 등으로 나눈다.

+ 83. +

'프로젝트 단위'로
사고해야 하는 이유

세상을 이해하는 방법에 대한 문제를 하나 내보겠다. 변화하고 움직이는 자연과 세상을 변화하고 움직이는 프로젝트 단위로 이해하는 게 답일까? 아니면 변화하고 움직이는 자연과 세상을 낱개 단위 입자 단위로 이해하는 게 답일까? 당연히 답은 전자다. 하나의 창조가 일어나는 전체 과정, 일이 시작해 완성되기까지 완전한 단위, 사건의 기승전결을 구성하는 하나의 단위가 바로 프로젝트 단위다.

생각해 보자. 낱개 기준으로는 시대의 변화와 흐름을 볼 수 없다. 입자 단위로 사건의 전모를 이해할 수 없다. 결괏값으로 기승전결 전체를 파악할 수 없다. 30센티 자로 우주를 가늠할 수 없다. 일이든 인생이든 성공하기 위해서는 '프로젝트 단위'로 사고하는 훈련을 계속 해야 한다. 세상과 자연이 프로젝트 단위로 변하고 작동하기 때문이다.

프로젝트 단위 속에는 무대와 환경이 있다. 그 시장과 환경은 시시각각 변한다. 또한 프로젝트 단위 안에는 항상 상대적 관계가 존재한다. 관계의 성격에는 모순도 있고 대립이나 보완도 있다. 그리고 항상 상호작용한다.

우리도 일을 정확하게 이해하고 통제하려면 반드시 '프로젝트 단위'로 통찰해야 한다. 일을 낱개로 쪼개서 보지 말고 프로젝트 단위 전체를 통찰해야 한다는 말이다. 그렇다면 프로젝트 단위는 어떤 메커니즘으로 작동하고 있을까? 하나의 프로젝트 단위는 공통적으로 1단계: 전체 범위와 배경 → 2단계: 연결, 관계와 상호작용 → 3단계: 하나의 콘셉트 착상 → 4단계: 분류, 설계, 절차 → 5단계: 결과(현상)로 구성되어 있다. 소설로 비유하자면 발단 → 전개(만남) → 위기 → 절정 → 결과의 구조다. 더 이해하기 쉽도록 실내인테리어 업무의 시각을 프로젝트 단위 사고로 바꾸어보자. 그

회사에서는 안 가르쳐주는 업무 센스

러면 다음 5단계로 프로젝트를 쪼갤 수 있다는 사실을 통찰할 수 있다.

1단계: 전체 범위와 배경
- 햇빛은 잘 들어오고 바람은 잘 통하는가?
- 최대 얼마의 비용(에너지)을 투자할 수 있는가?

2단계: 연결, 관계와 상호작용
- 기존의 배치, 구조, 가구, 신 가구 특징과 개선할 이상 사이를 어떻게 줄일까?
- 고객의 요구와 마음속의 니즈와 원츠를 어떤 방법을 통해 언제 인터뷰하고 알아낼 수 있을까?

3단계: 하나의 콘셉트 착상
- 차별적인 실내인테리어 콘셉트를 고객이 받아들일 수 있는가?
- 예산, 무대 환경, 기존 집 구조 특징, 고객 니즈가 관통하는 '일치점'은 무엇일까?

4단계: 분류, 설계, 절차
- 이 콘셉트를 현실로 구현하기 위한 구체적 단계, 시간, 설계도는 무엇인가?
- 무엇을 우선순위로 설정해야 하며 분류, 설계, 절차를 바꾸어 효율성을 극대화할 순 없을까?

5단계: 결과(현상)
- 결과와 기대 수준을 명확하게 고객과 공유했는가?

- 경제성, 심미성, 디자인, 생활 편리 등 최종 결과는 평가 기준에 다 가서고 있는가?

평면적 업무 시각을 '입체적인 프로젝트 단위'로 바꾸어 사고하는 순간, 우리는 처음과 과정, 끝을 논리적으로 연결하고 무대와 관계를 바꾸고 다르게 조합하면서 공연을 창의적으로 연출하는 감독이 될 수 있다.

당신의 생각 기본단위를 업무, 지식, 인과, 실행, 현재 등의 단편적인 접근 말고 하나의 완성된 '프로젝트 단위'로 바꾸어 보자. 때론 기존 매뉴얼대로 하지 말고 나만의 혁신적인 업무처리 시스템을 구축하겠다는 마음으로 새로운 조합의 솔루션을 찾아보자. 그러면 주체적이고 주도적인 사람이 되어 스스로 일의 방향과 흐름을 만들고 일의 과정을 연출하고 새로운 것을 창조하는 사람이 될 것이다.

✦ 84. ✦
일 잘하는 사람의
뇌 활용법 'RAS'

"무언가를 간절히 원하면 온 우주가 실현되도록 도와준다." 소설가 파울로 코엘료의 『연금술사』에 나오는 말이다. 표현에 소설적 과장이 있다고 믿지만 뇌 과학을 공부하다 보니 일맥상통하는 뇌의 한 기능도 있다는 걸 알게 되었다.

지금부터 그 기능을 소개하겠다. 우리 뇌에는 뇌 신경망 활성화 시스템 'RAS^Reticular Activating System'라는 것이 있다. RAS는 뇌의 중심에 있는 네트워크로 정보 처리에 중요한 역할을 담당한다. 특히 뇌의 활성화를 조절하고, 주의력을 유지하며, 각종 감각 정보를 처리하는 데 관여하고 있다.

RAS는 아주 중요한 두 가지 기능을 담당한다. 첫째, 감각 필터링 역할이다. 간단히 설명하면 수많은 정보를 필터링해 중요한 정보만 강조하고 무의미한 정보는 걸러낸다. 이 역할을 통해 우리 뇌는 너무 많은 정보에 허우적대지 않고, 중요한 정보에만 집중할 수 있다.

예를 들어보자. 사람은 운전 중 도로에서 온갖 소음에 노출된다. 이때 뇌의 RAS는 이러한 소음들을 대부분 필터링해 준다. 가끔 비상 차량의 경적이 울릴 때만 주목해 인지한다. 또 식당에서 식사 중일 때도 마찬가지다. 주변에서 온갖 잡다한 대화와 소리가 들린다고 해도 RAS는 오직 상대방의 대화만 강조하고, 그 외 주변 사람들의 대화나 소리는 배경으로 취급해 무시해 버린다. 주변 사람들의 이야기는 바람처럼 스쳐 지나가게 만드는 것이다. 카페에서 공부하는 사람들이 사람 많은 커피숍에서 공부에 집중할 수 있는 이유도 RAS 덕분이다.

RAS의 두 번째 중요한 기능은 목표 설정과 집중 역할이다.

RAS는 사람의 관심사, 목표 설정과 집중에 연동한다. 예를 들어보겠다. 당신이 이사할 계획을 세운 뒤라면 유난히 '부동산중개소'가 눈에 띌 것이다. 만약 한 브랜드의 신발을 사야지 하고 마음을 먹는다면 주변에 그 브랜드 신발을 신은 사람들이 더 자주 보이는 느낌을 받을 것이다. 이게 우연이 아니다. 바로 RAS가 자기 주인의 관심사를 놓치지 않고 의식할 수 있도록 작동하기 때문이다.

나는 RAS를 의도적으로 활용할 수 있다고 생각하고 실제로 시도해 보았다. 결과는 대성공이었다. 방법은 간단하다. 내 관심사와 일의 핵심 키워드들을 생각하고, 전체 5단계 프로젝트 단위 설계도를 그려놓는 것이다. 하고자 하는 일을 프로젝트 단위로 설계하고 핵심 키워드를 머릿속에 계속 떠올리자 놀라운 기적이 일어났다. 저절로 유용한 자료와 뉴스, 기회가 눈에 띄기 시작한 것이다. 관심사와 관련한 기발한 아이디어도 줄줄이 떠올랐다. 구체적 실행 전략, 우선순위, 해결책이 의식에 걸려들었다.

이 과정이 자연스레 이루어지는 데 있어서 아주 중요한 팁이 하나 더 있다. 바로 '메모'다. 내 관심사와 목표와 프로젝트 5단계 설계도라는 거미줄에 수많은 먹잇감이 걸리는 순간, 먹잇감을 놓치지 않고 메모해야 한다. 즉각 메모하고 기록하지 않으면 마치 신기루처럼 먹잇감은 사라진다.

나는 중요한 일, 의사결정, 영감이 필요할 때나 문제해결 아이디어, 프로젝트 기획 등을 준비할 때 이른바 '거미줄 설계도'를 반드시 그린다. 당연히 먹잇감이 걸리듯 다양한 아이디어, 근거자료, 영감, 실현 방법, 구체적인 이미지가 거미줄에 걸려 있다. 당신도 당신의 뇌에서 작동하고 있는 RAS를 직접 운용해 보자.

+ 85. +

유리멘탈
극복법

마음이 약해 쉽게 상처 입거나 다치는 사람을 '유리멘탈'이라고 한다. 유리멘탈 소유자는 평범한 상황이나 환경에도 예민하게 반응하거나 스트레스를 받을 때가 많다. 이들은 종종 자기 자신의 감정을 관리하기 힘들어한다. 그러다 보니 일상적인 업무나 대인관계에서 발생할 수 있는 여러 문제를 해결하기 어려워하는 경향이 있다. 약한 멘탈을 관리하고 건강한 방향으로 강화하는 방법은 매우 많다. 잘 알려진 몇 가지만 정리해 보자.

극복법	내용
B, C 플랜 마련	- 중요한 일일 경우 사전에 A 플랜이 실패했을 때를 대비해 B 플랜, C 플랜 정도를 마련해 두면 심리적 안정감을 유지하는 데 도움이 된다.
지지자 그룹 만들기	- 부족하거나 실수해도 자신을 응원하고 지지해 주는 가족이나 친구, 동지를 만든다.

강점, 자존감 키우기	- 인간은 모든 걸 다 잘할 순 없다. 자신만의 강점을 키워 내면의 자존감을 높여간다.
이상적인 목표 설정	- 내가 하는 일이 사회나 세상에 꼭 필요하고 가치 있는 일이라고 여긴다. 과정에서 실수가 있더라도 그 목표가 사람들에게, 인류에게 도움이 된다는 확신이 있다면 마음이 안정된다.
반복훈련, 익숙함	- 반복훈련을 많이 할수록, 경험을 많이 쌓을수록 당연히 익숙하고 마음이 안정된다. 김연아 선수나 손흥민 선수 등 스포츠 스타들이 세계적인 대회에서 주눅 들지 않고 게임을 즐길 수 있는 이유는 엄청난 반복훈련과 그런 환경의 익숙함 때문이다.

유리멘탈 문제는 '물리적인 요인'과 '심리적 요인'으로 나누어 생각해 볼 수 있다. 물리적인 요인 때문에 멘탈이 약하다면 환경을 익숙하게 만들고, 강점 개발을 통해 자신감을 키워나가야 한다. 운동도 도움이 된다. 물리적인 요인의 유리멘탈을 분석해 보면 '경험 부족 → 낯선 상황 → 의사결정 어려움 → 호르몬 과다 분비'의 구조가 나타나기 때문이다. 여러 경험을 거쳐 익숙한 상황을 만들면 뇌가 안정적인 판단을 내리는 데 도움이 되고 신체 호르몬이 안정된다.

그렇다면 물리적인 요인과 달리 특정 상황에 불쑥 나타나는 심리적 멘탈 문제라면 어떻게 극복할까? 나 역시 심리적 멘탈 문제가 찾아올 때가 있다. 이럴 때 다음 네 가지 방법을 쓴다.

첫째, "사람 위에 사람 없고 사람 아래 사람 없고, 잘난 사람이든 못난 사람이든 다 거기서 거기"라고 생각한다.

둘째, 부정적인 생각과 실패한 기억이 계속 머리에 떠오르면 마음으로 '생각 스톱'이라고 계속 외친다. '생각 스톱'을 마음 속으로 반복해 외치다 보면 부정적 생각, 실패한 순간, 자존심 상한 기억이 떠오르지 않는다. 다행인 건 기억이란 시간이 지나면 대부분 옅어지게 되어 있다는 점이다.

셋째, 상처받거나 자존심 상한 기억이 쉽게 떠나지 않으면 '대체재'를 투입한다. 상처의 기억은 쉽게 사라지지 않을 때는 나쁜 기억 위로 새로운 기억을 덮어야 한다. 검은 물을 맑게 만들기 위해 깨끗한 물을 계속 붓는 것과 같은 원리다. 성공한 기억, 감사의 메시지, 새로운 목표 도전 등 대체재를 즉각 투입해 상처받거나 자존심 상한 기억을 빠르게 덮어버린다.

넷째, 실패를 바라보는 시각을 바꾼다. 사람은 누구나 실패를 경험한다. 실패하면 아프다. 그러나 계속 아픔에서 헤어 나오지 못하면 그것이야말로 대실패다. 내가 보는 실패의 원인은 두 가지로 나뉜다. 하나는 실력 부족이다. 이것은 원인이 있는 실패다. 이런 실패는 원인을 제거해 문제를 해결하거나 실력을 보완해 다시 도전하면 해결할 수 있다.

또 다른 하나는 서로 맞지 않아서다. 상황과 처지에 따라 서로 연결할 수 없는 관계도 무수히 많다. 이런 실패는 그냥 '서로 맞지 않았을 뿐'이다. 전혀 아파할 필요가 없는 것이다. "이 세상에 나의 제안에 긍정적으로 반응하는 곳이 반드시 있을 거야!"라고 생각하며 다시 도전하면 된다.

그리고 해야 할 일에 정성을 다하고 나서 결과는 하늘의 뜻에 맡긴다는 진인사대천명盡人事待天命의 마음으로 최선을 다해야 한다. 그랬는데도 바라는 결과를 얻지 못하면 어쩔 수 없다. 후회는 하지 않는다.

✦ **86.** ✦

마인드 컨트롤
잘하는 법

직장생활 하면서 '마인드 컨트롤'이 필요한 상황이 꼭 있다. 아마도 불안과 두려움이 몰려오는 순간일 것이다. 이 역시 멘탈 문제처럼 원인을 파악해 문제를 해결하는 것이 우선이다.

그러나 물리적인 원인을 즉각 제거할 수 없는 상황이라면 마인드 컨트롤로 적절하게 마음을 다스려야 한다. 마인드 컨트롤을 하는 방법은 많다. 이를테면 긍정적인 마음가짐, 명상, 취미활동, 이미지트레이닝, 심리상담 등이다.

나는 잘 알려진 이런 요령 이외에 꽤 쓸모 있는 마인드 컨트롤 방법 하나를 소개하려 한다. 바로 벨기에 루벤대학교 심리학과 블레이엔 교수가 제시한 '두려움-회피모델'이다. 이 모델은 크게 세 단계로 구성되어 있다.

첫 번째 단계는 개인에게 '두려움'을 유발하는 특정 상황이나 사건이 발생한 때를 말한다. 이는 과거의 트라우마, 불안하거나 스트레스를 유발하는 상황 등이 될 수 있다.

두 번째 단계는 이러한 상황에 대한 개인의 반응이다. 불안, 공포, 걱정 등과 같은 정서적인 반응으로 나타난다.

세 번째 단계는 개인의 '회피 행동'으로 나타난다. 이는 두려움 유발 요소와 불안, 공포, 걱정 반응에서 발생하는 것으로, 두려운 상황을 회피함으로써 불안을 줄이는 시도라고 할 수 있다. 그러나 이러한 회피 행동이 결과적으로 두려움을 강화하고 유지하는 역효과를 낳을 수 있다.

세 단계로 구성된 '두려움-회피모델'의 핵심을 정리하면 이렇다. "사람들이 두려운 상황을 피하고자 하는 것이 그들의 두려움을 유지하고 확대하는 데 악순환 고리를 만들며, 불안과 두려움에 빠졌을 때 악순환 고리에 갇히느냐 빠져나오느냐는 당사자의 신념에 달렸다."

실제로 나는 아주 오래전 '두려움-회피모델'을 직접 체험한 적이 있다. 수영을 한 뒤였는데, 갑자기 왼쪽 귀에 이명이 생겼다. 귓속에서 바닷소리가 밤낮없이 들렸고, 열흘이 넘게 잠을 제대로 잘 수 없었다. 불안, 공포, 걱정이 점점 커지자, 소리에 더 민감해지고 이명에 더 신경이 쓰였으며, 밤새 한잠도 잘 수 없는 지경에 이르렀다. 이때 알게 된 것이 바로 '두려움-회피모델'이다. 나는 이 모델을 적용해 해결책을 프로젝트 단위로 정리해 보았다.

> 이명 → 소리 들림, 수면 부족, 신경 예민 → 불안, 공포, 걱정 →
> '귀 소리'에 대한 회피 행동 → 소리 들림, 수면 부족, 신경 더욱 예민
> → 불안, 공포, 걱정 강화 효과 → 다시 회피 행동 → 악순환

이렇게 정리해 놓고 보니, 악순환 고리를 끊은 방법이 보였다. 해법은 아주 간단했다. 그냥 마음먹기에 달린 것이다. 이때 필요한 게 마인드 컨트롤이다.

> '두려움'을 유발하는 특정 상황이나 사건 → 불안, 공포, 걱정 →
> 관심 끄고 무시(악순환 고리 탈출)

나는 당장 마음을 이렇게 고쳐먹었다. "귀에서 소리 좀 난다고 사람이 죽나?" 귀에서 나는 소리에 대한 어떤 정보, 어떤 관심도 주지 않으니 놀랍게도 점점 소리가 사라졌다. 잘 때는 좋아하는 음악을 들었다. 2~3일 정도 지나자 신기하게 잠도 편히 잘 수 있게 되었다. 세월이 한참 지난 현재까지 생활에 아무런 불편 없이 살고 있다.

혹시 당신도 '두려움'을 유발하는 특정 상황이나 사건에 마음의 문제를 겪고 있지 않은가? 그것이 구체적인 원인이 있다면 그 원인

회사에서는 안 가르쳐주는 업무 센스

부터 분석하고 문제를 해결해 보자. 그런데 만약 '두려움-회피모델'에 걸려 우리 뇌가 반복해서 만들어내는 문제라면 단숨에 그 문제를 별거 아니라고 생각하고 빠져나오자.

+ 87. +
퍼스널 브랜드
설계 노하우

평생직장 대신 평생 직업 시대가 되었다. 그리고 100세 시대가 열렸다. 40~50대 퇴직, 자동 승진의 개념이 사라진 지 오래다. 공무원도 60대에 은퇴한다.

개인이 회사에서 자신을 지키고 100세 인생이라는 삶의 무대에서 경제적 삶을 영위하기 위해서는 새로운 발상의 전환이 필요하다. 개인과 조직이 함께 성장할 방법 중 가장 대표적인 아이디어가 바로 '퍼스널 브랜드' 개발이다.

퍼스널 브랜드에는 다양한 의미가 녹아 있다. 1인 기업 혹은 대표는 어떤 특정 분야의 '전문성'이 있다. 다양한 네트워크를 구축해 경제적 부를 창출할 수 있는 능력도 있다. 우리는 개인이 키운 전문가 브랜드를 자연스럽게 사업으로 연결할 수 있는 시대에 살고 있다.

개인이 퍼스널 브랜드를 구축해 나가면 회사도 좋을까? 당연히 이익이다. 개인이 보유한 전문성과 역량, 네트워크, 인기 등의 요소가 곧바로 조직이나 기업의 성과와 직결되기 때문이다. 개인이 조직과 분리될 때도 마찬가지다. 만약 회사의 경영 사정 또는 개인의 처지에 따라 회사를 그만두거나 은퇴해 조직의 직위가 사라질 때, 개인은 경제적으로 무방비 상태에 전락할 것이다.

그런데 개인이 꾸준히 전문성을 키우며 '퍼스널 브랜드'를 튼튼하게 구축해 왔다면 어떨까? 이직, 1인 기업 창업, 은퇴 후 퍼스널 브랜드 기업으로 경제적 활동을 할 수 있는 안전한 토대를 구축할 수 있다. 자기 분야에 전문가로 입지를 다져 퍼스널 브랜드 1인 기업을 창업한다면 강의, 출판, 컨설팅, 멘토링, 심사, 용역개발, 과제 수행을 통해 평생 직업을 만드는 것과 같다.

그렇다면 직장생활을 하면서 어떻게 자기 분야의 퍼스널 브랜드를 구축해 나갈 수 있을까? 단계별로 퍼스널 브랜드 구축 과정을 소개해 본다.

단계	내용
1단계	현재부터 앞으로 10년 사이 주요 사회 흐름과 기술 발전의 변화를 생각해 보면서 주요 키워드를 뽑아본다. 인공지능, 메타버스, ESG(환경, 사회적, 지배구조), 일자리, 복지제도, 저출산고령화, 평생교육, 1:1 개인맞춤형 건강, 개인맞춤형 정책 등등
2단계	자신의 이력, 전공, 학력, 활동 지역, 해온 업무 분야, 전문성, 앞으로 하고 싶은 일, 자격, 성격과 기질, 하고 싶은 일과 잘하는 일 등을 정리하면서 자신을 대표할 특징적 키워드를 뽑아낸다.

3단계	나만이 가진 특별한 경험, 스토리, 지식, 아이디어, 해결책, 재능, 잠재력, 차별성의 요소가 무엇이며 그것을 찾거나 만들어 간다.
4단계	1단계 키워드 + 2단계 키워드 + 3단계 키워드를 조합해 나만의 퍼스널 브랜드를 정한다. 단, 퍼스널 브랜드는 반드시 '대한민국 제 1호 전문가'라는 느낌에 부합해야 한다. 이유는 자신만의 영역, 독창성과 차별성을 확보하기 위해서다. 이미 전문가가 많은 분야나 경쟁이 심한 분야는 진입이 어렵다. 반드시 기존에 없는 독창성, 차별성, 경쟁력이 있는 퍼스널 브랜드를 구축해야 한다.
5단계	퍼스널 브랜드를 강화할 다양한 레퍼런스를 만들어가고 관리한다. 퍼스널 브랜드의 레퍼런스란 퍼스널 브랜드를 구축한 전문가라는 객관적인 증거자료를 뜻한다. 학위(학사, 석사, 박사), 저서, 논문, 대학 강의 경력, 전문면허나 자격증, 방송 강연, 프로젝트 성공 경험과 관련 이력, 블로그나 온라인카페 등 SNS 전문가 활동, 개인 플랫폼, 특허 등이다.
6단계	회사의 업무를 통해 얻은 현장의 경험을 녹여내 '퍼스널 브랜드'의 홍보 채널을 구축한다. 블로그, 인스타그램, 개인 사이트, 유튜브 채널, 미디어(온·오프 신문) 전문가 칼럼 연재 등을 추천한다. 마케팅 홍보 채널을 토대로 강의, 출판, 컨설팅, 멘토링, 심사, 용역개발, 과제수행을 병행하며 이 경험을 다시 레퍼런스로 추가하는 선순환 구조를 만들어간다.

　　지금까지 일을 잘하는 사람이 되기 위해 업무 센스를 기를 수 있는 87가지 일의 기술들을 확인해 보았다. 지금까지의 내용을 정리하자면 성과를 내는 직장인이 되기 위해선 전체 프로세스를 꿰뚫어 볼 수 있는 '일 통찰력'을 갖추는 것이다. 회사에서 인정받고 싶다면 87가지 일의 기술을 천천히 다시 읽어보며 나만의 업무 센스를 갖출 수 있도록 노력해 보자.

회사에서는 안 가르쳐주는 업무 센스

초판 1쇄 발행 2024년 7월 24일

지은이 이동조
브랜드 경이로움
출판 총괄 안대현
책임편집 이제호
편집 김효주, 심보경, 정은솔
마케팅 김윤성
표지디자인 유니드
본문디자인 김혜림

발행인 김의현
발행처 사이다경제
출판등록 제2021-000224호(2021년 7월 8일)
주소 서울특별시 강남구 테헤란로33길 13-3, 7층(역삼동)
홈페이지 cidermics.com
이메일 gyeongiloumbooks@gmail.com (출간 문의)
전화 02-2088-1804 **팩스** 02-2088-5813
종이 다올페이퍼 **인쇄** 재영피앤비
ISBN 979-11-92445-81-6 (13320)